COMPTE-RENDU

DES TRAVAUX

DU COMITÉ SECTIONNAIRE LYONNAIS

COMPTE-RENDU

DES TRAVAUX

DU

COMITÉ SECTIONNAIRE LYONNAIS

DE LA SOCIÉTÉ FRANÇAISE

DE SECOURS AUX BLESSÉS & MALADES

DES ARMÉES DE TERRE ET DE MER

GUERRE DE 1870-1871

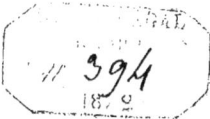

LYON

IMPRIMERIE DU SALUT PUBLIC

BELLON, RUE DE LYON, 33

1872

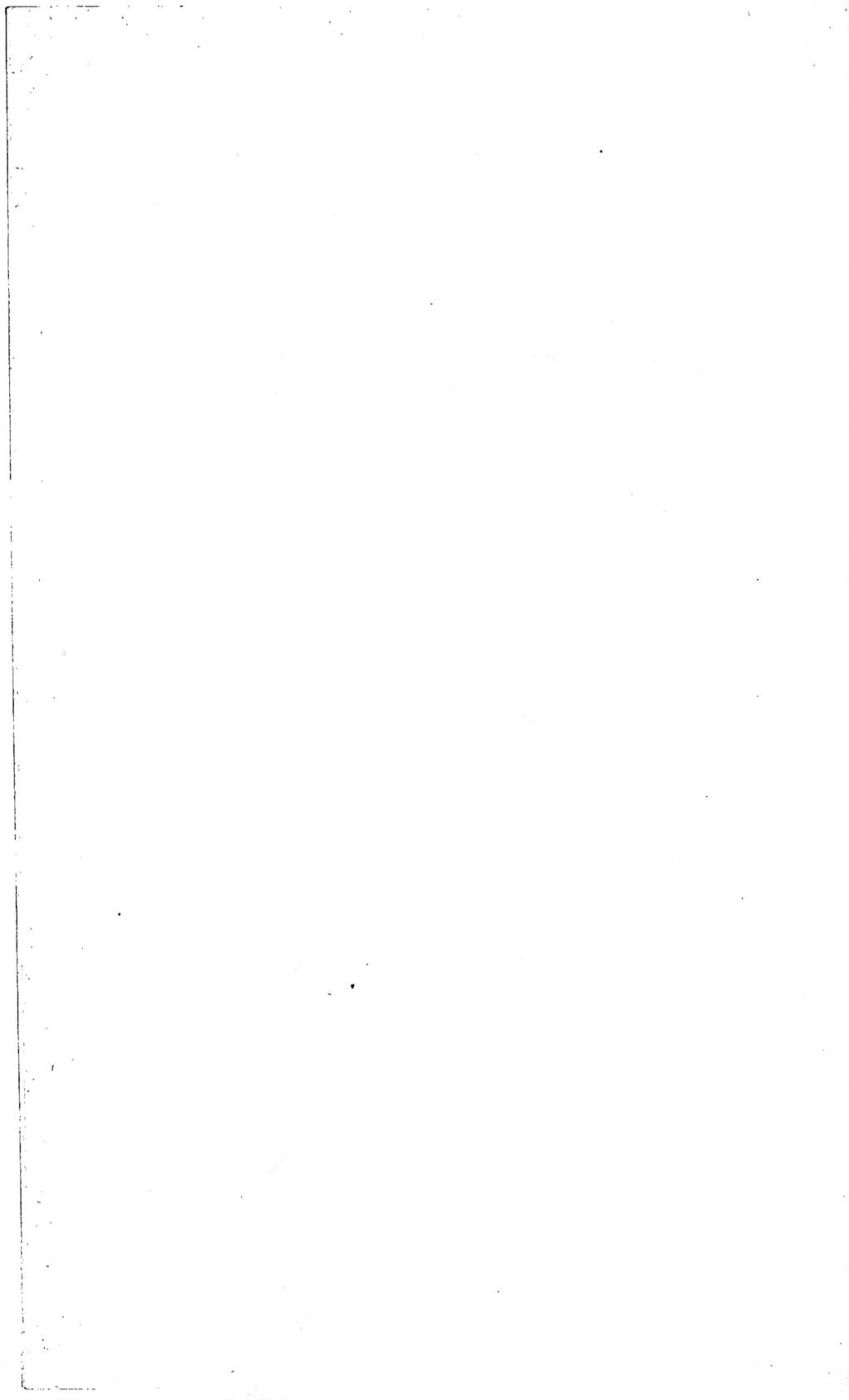

RAPPORT GÉNÉRAL

DU

COMITÉ SECTIONNAIRE LYONNAIS

DE LA

SOCIÉTÉ DE SECOURS AUX BLESSÉS MILITAIRES

1870-1871

MESSIEURS,

Avant d'exposer « l'activité » du Comité sectionnaire Lyonnais de la Société de Secours aux Blessés militaires, nous croyons nécessaire de rappeler quels différents caractères a revêtus la générosité publique, qui devait, par ses dons en argent et en nature, lui donner les moyens d'accomplir sa mission.

Dès l'année 1864, alors que nous fondions le Comité de Lyon, le plus ancien de France, nous réunîmes facilement ce groupe de notabilités, qu'on est accoutumé à retrouver, toutes les fois qu'il s'agit d'une bonne œuvre ; mais le nombre de ceux qui, malgré les évènements politiques accomplis en Europe, ou menaçant de s'accomplir dans un avenir incertain, croyaient à la possibilité d'une guerre, était fort restreint. Peu de personnes croyaient que l'œuvre devrait passer de la théorie à la pratique; c'était du moins pour elles une éventualité tellement éloignée, que leur adhésion était seulement un hommage rendu à l'excellence du but. Beaucoup partageaient cette erreur qu'il serait toujours temps, si la guerre venait à se déclarer, d'organiser des secours. Ils oubliaient, qu'en pareille matière, il y a tout avantage à prévoir, à l'avance, les difficultés, pour aviser aux moyens de les surmonter, sans attendre le moment où les évènements, se succédant avec une rapidité inouïe, viendraient amoindrir et paralyser quelquefois le succès de déterminations prises sous l'empire de la nécessité.

Dès le début de la guerre, le Bureau du Comité sectionnaire lyonnais fit, par voie d'affiches et par insertions dans les journaux, un appel à la population de la ville et à celle du département du Rhône, sollicitant leur concours en faveur de la Société de Secours aux Blessés militaires.

C'est alors que se produisit dans une certaine fraction de l'opinion publique, cette appréciation erronée des faits, à savoir que, l'Intendance devant pourvoir à tous les besoins des soldats en campagne, il n'y avait pas à s'occuper d'eux, et que les subsides des particuliers devaient être plutôt appliqués à adoucir les maux des victimes indirectes de la guerre. On ne se souvenait pas assez qu'il y a des degrés dans l'urgence, et que le soldat blessé sur le champ de bataille, doit être le premier à recevoir le témoignage de la sollicitude de ses concitoyens.

Loin de nous la pensée de diminuer, en quoique ce soit, la légitimité des titres qu'avaient à être secourues les familles privées de leurs soutiens naturels, celles qui ont vu leurs maisons dévastées, leurs champs ravagés, leurs industries ruinées ; ces infortunes sont dignes du plus vif intérêt, mais une estimation exacte doit forcément ne les placer qu'en seconde ligne : pensons d'abord à celui qui verse son sang pour la Patrie.

Toutefois, comme nous l'avons dit plus haut, une partie des donateurs jugea que les victimes indirectes de la guerre devaient être secourues les premières ; d'autres pensèrent que le produit des offrandes devait être réparti en même temps aux unes comme aux autres, et ce fut, en définitive, cette opinion qui prévalut.

Pour donner satisfaction à ces diverses manières d'envisager la façon dont les offrandes devaient être distribuées, offrandes sollicitées par la Société de Secours aux Blessés militaires et par la Presse de notre ville, comme aussi dans le but d'éviter les abus qu'occasionneraient des demandes faites simultanément aux deux centres de secours, il fut décidé par les principaux souscripteurs en faveur des victimes de la guerre en général, qu'un *Comité répartiteur* serait créé et que les membres en seraient pris tant parmi ces derniers que parmi les membres de la Société de Secours aux Blessés militaires.

Le 28 juillet 1870, eut lieu dans les bureaux du journal le *Salut Public*, une réunion à l'effet de constituer ce Comité répartiteur.

Il fut composé de douze personnes qui eurent pour mission de répartir les fonds recueillis.

A l'unanimité furent nommés membres de ce Comité (nous plaçons les noms par ordre alphabétique) :

MM.

ARLÈS-DUFOUR, membre du Comité sectionnaire Lyonnais.

BELLON (Joseph),   *id.*

CAZENOVE (Léonce de), secrétaire général du Comité sectionnaire Lyonnais.

CHABRIÈRES-ARLÈS, vice-président du Comité sectionnaire Lyonnais.

ESPAGNY (comte d'), trésorier, payeur général du département du Rhône, président du Comité sectionnaire Lyonnais.

GRASSIS (Max), directeur du journal le *Salut Public*.

MONET, directeur de la Succursale de la Banque de France.

ROBERT, directeur de la *Société Lyonnaise*.

VIDAL-GALLINE, président du Conseil municipal de Lyon.

On arrêta que les trois autres places seraient offertes à

MM.

GARNIER, rédacteur en chef du journal la *Décentralisation*.
JOUVE (Alexandre), rédacteur en chef du journal le *Courrier de Lyon*.
VÉRON, rédacteur en chef du journal le *Progrès*,
qui les acceptèrent.

Ce fut donc à ce *Comité répartiteur* que le Comité sectionnaire dut s'adresser pour obtenir les fonds qui lui étaient nécessaires.

Postérieurement à la Circulaire ministérielle du 5 août, annonçant la formation de Commissions départementales pour la distribution des secours aux victimes de la guerre, le nombre des membres du Comité répartiteur fut porté à dix-huit.

Voici les noms de ceux dont s'accrut la liste des membres déjà nommés :

MM.

BURLAT, membre du Conseil des Prud'hommes.
DESGEORGES (A.), négociant.
DUCARRE, membre du Conseil municipal de Lyon, depuis député du Rhône à l'Assemblée nationale.
FUSY, ingénieur civil.
LAMBRECHT, teneur de livres.
MARÉCHAL, président de la Chambre syndicale des entre-preneurs.

(Furent nommés : *Président*, M. VIDAL-GALLINE ; *Vice-Président*, M. MONET, en remplacement de M. ARLÈS-DUFOUR, qui succéda à

M. Vidal-Galline : *Trésorier*, M. Robert, dont les fonctions furent remplies, plus tard, par M. Henri Rolland et, en dernier lieu, par M. A. Desgeorges ; *Secrétaire*, M. Maurice Chabrières-Arlès, qui fut remplacé par M. Brossy, secrétaire salarié).

La connexité du Comité répartiteur et du Comité Sectionnaire Lyonnais de la Société de Secours aux Blessés militaires fut telle, qu'il serait difficile de déterminer exactement si les allocations qu'il accordaient revêtaient un caractère complétement distinct de leurs attributions respectives.

Nous avons annexé à ce Rapport un tableau général et détaillé des sommes recueillies pour les victimes de la guerre et de l'emploi qui en a été fait ; nous ne mentionnerons donc pas successivement dans le cours de ce travail les nombreuses et diverses provenances de la générosité publique et leur affectation.

Dans la séance du 18 août 1870, du Comité répartiteur, il fut arrêté qu'il examinerait les demandes individuelles et collectives de secours provenant de tout le département du Rhône, qu'il donnerait son avis sur l'opportunité de ces demandes, la quotité qui serait accordée et que les Conseils municipaux auxquels une circulaire fut envoyée dresseraient une échelle des ressources des demandeurs de façon à fixer les titres de chacun d'eux à la bienfaisance du Comité.

Des feuilles questionnaires furent jointes à ces circulaires expliquant aux fonctionnaires chargés de dresser les états de situation des familles, que le Comité avait divisé les secours en trois classes : nos 1, 2 et 3 ;

Le no 1 indiquant la classe dont le besoin est le plus pressant, et ainsi de suite jusqu'à 3.

Il fut décidé que les numéros seraient mis en regard de chaque nom, pour la facilité du travail de répartition.

Ces secours furent proportionnés aux besoins présumés des demandeurs pendant un mois.

Les demandes de secours provenant des familles indigentes de la ville de Lyon, furent renvoyées à la Commission générale des Dames.

Dès le 4 août 1870, le Comité répartiteur s'inspirant des idées d'initiative privée, hautement manifestées dans une réunion à laquelle avait participé un grand nombre de souscripteurs, arrêta que le montant des offrandes recueillies ne serait point envoyé au Comité Central de France de la Société de Secours aux Blessés militaires.

Le Comité répartiteur acquit rapidement la certitude absolue que la centralisation des fonds à Paris aurait pour résultat immédiat de paralyser l'élan de la générosité publique ; ce qu'il fallait éviter à tout prix : le vœu des souscripteurs étant de secourir directement et par l'intermédiaire du Comité qu'elle avait nommé, toutes les douleurs et toutes les infortunes produites par la guerre : Soldats blessés sur les champs de bataille, blessés et malades dirigés sur les villes de l'intérieur, sur Lyon notamment, familles privées de leur chef ou de leur soutien par l'appel sous les drapeaux.

Cette détermination était aussi motivée par l'éventualité possible d'une interruption des communications avec Paris, et l'événement a prouvé que cette prévision devait malheureusement se réaliser.

Les fonds recueillis furent déposés à la succursale de la Banque de France.

Le Comité sectionnaire adopta à la majorité les mêmes conclusions.

Peu de temps après ces résolutions prises, le Comité central de France, par l'intermédiaire de M. Vernes d'Arlandes, délégué du Comité central de France pour la région de l'Est, fit don au Comité sectionnaire Lyonnais, qui s'en montra fort reconnaissant, d'une somme de 25,000 fr., en l'affectant à la 2me ambulance volante lyonnaise.

Le Comité central de France voulait par là prouver que s'il tenait, suivant l'article 4 du règlement intérieur de la Société, à ce que, en temps de guerre, tout l'argent fut envoyé à Paris, il saisissait avec empressement l'occasion, lorsque les circonstances l'indiquaient, de retourner les subsides au Comité de la ville qui les lui avait fait parvenir.

Toutefois, la bonne volonté des souscripteurs à apporter leurs offrandes a été subordonnée dans notre ville, d'une manière presque générale, à la condition que ces offrandes ne seraient point envoyées à Paris.

Ce sentiment de décentralisation nous semble poussé trop loin ; il y a évidemment un terme moyen à prendre entre le règlement de la Société Française de Secours aux Blessés militaires, portant, qu'en temps de guerre, tous les fonds recueillis seront envoyés à Paris et la détermination de n'en envoyer aucun. Si une centralisation excessive a de graves inconvénients, l'absence de toute centralisation en présente aussi, lorsqu'il s'agit d'une œuvre comme la Société de Secours aux Blessés militaires.

Le bureau du Comité sectionnaire lyonnais prévoyant que le nombre des membres qui le composaient ne serait plus en rapport avec la multiplicité de ses occupations, pourvut, sur la proposition de M. le comte d'Espagny, son président, à la nomination de trois commissions qui eurent à s'occuper :

La 1re, des questions financières,

La 2me, du choix et installation des locaux et de l'administration,

La 3me, du service médical.

Cette division dans la répartition des travaux fut modifiée plus tard, et on institua :

Une Commission médicale, dont relevaient la Commission des ambulances volantes et la Commission des ambulances de siége. (L'exposé de leur organisation figure dans le rapport spécial concernant les ambulances volantes.)

Une Commission des Ambulances sédentaires.

Une Commission générale des Dames, divisée en diverses sous-Commissions, chargées de l'examen et du classement des dons en linges et en vêtements.

La Commission des prisonniers en Allemagne fut composée exclusivement de dames. Elle se chargea de faire parvenir les objets en nature, soit directement à ses délégués, soit par l'intermédiaire de l'agence internationale de Bâle. Les dons en argent furent envoyés par le Comité sectionnaire.

Les rapports spéciaux des travaux concernant ces diverses Commissions ont été faits par leurs secrétaires respectifs et trouveront place dans l'ensemble de ce travail.

Le rapport concernant l'ambulance Suisse qui était venue généreusement seconder nos efforts, a été publié antérieurement.

Le Comité sectionnaire fut naturellement chargé d'acheter le matériel des ambulances volantes et d'arrêter le chiffre de leur personnel, laissant à MM. les Chirurgiens en chef le soin de le choisir.

Nous devons à la munificence du Comité de Londres l'envoi de 24 caisses de chirurgie, dont 18 furent réparties soit à Tours, soit à nos deux premières ambulances Lyonnaises, à l'exception de 5 dont une a été réservée pour l'armée des Vosges et 4 pour les ambulances de siége.

Le Comité central Belge et les comités de Bâle et de Genève nous ont donné, avec une grande générosité, des caisses d'objets en nature ; qu'ils reçoivent ici l'expression de notre reconnaissance.

Il résulte d'une communication de M. Jules Forest, secrétaire de la Commission générale des Dames, que dès les premiers jours d'août 1870, à la suite des appels qui avaient été faits à la générosité publique, 277 Caisses d'objets en nature avaient été expédiées à Paris, à Strasbourg, à Nancy, à Mulhouse, à Belfort, à Metz, à Châlons-sur-Marne et à Colmar. L'envoi des caisses qui avait été fait à Epinal ne put être mené à bonne fin, M. Augustin Girard, qui les conduisait, ayant été fait prisonnier par l'autorité prussienne.

Sur la demande de M. de Vogüé, délégué régional pour le centre-ouest, 40 appareils pour fractures ainsi que des caisses de chirurgie lui furent envoyés à Bourges.

Des secours spéciaux en linge, médicaments et même en argent furent expédiés à diverses ambulances en détresse du Nord et de l'Ouest, et sur la demande motivée de leurs directeurs.

Le Comité sectionnaire tenait à prouver par les envois que nous avons déjà mentionnés et par ceux dont nous parlons actuellement, qu'il ne bornait pas le cercle de ses secours à la ville de Lyon et au département du Rhône, mais qu'il voulait aussi les étendre aux localités situées sur le théâtre des hostilités ou à proximité.

La guerre étrangère étant terminée, 20 caisses de pansements furent envoyées à l'armée de Versailles par le Comité sectionnaire lyonnais, sur la demande de M. Vernes d'Arlandes.

Dès le 12 août, nous partions, comme délégué du Comité central de France et du Comité sectionnaire de Lyon, accompagné de Mme de Cazenove, revêtue des mêmes qualités, de M. Joseph Cottin, un des deux secrétaires adjoints du Comité sectionnaire, et MM. Alexis Carrel, Fernand Liquier et Augustin Girard, à l'effet d'organiser les ambulances, de ravitailler celles qui en auraient besoin, de distribuer des secours aux militaires auxquels des privations subites auraient été imposées par suite des événements, enfin pour en apporter également aux populations ravagées par la guerre. Nous visitâmes successivement Châlons-sur-Marne, Mulhouse, Sedan, Bazeilles, Strasbourg, etc., etc., nous efforçant, dans l'emploi de l'argent et des objets en nature qui nous avaient été confiés, de suivre les intentions des donateurs.

Cette mission, commencée le 12 août 1870, prit fin le 7 novembre de la même année.

Mentionnons ici que le Conseil municipal de Lyon, antérieur au 4 septembre, avait voté une somme de 100,000 fr., pour être mise à la disposition du Comité sectionnaire lyonnais, mais sur cette somme, 25,000 fr. seulement furent accordés à la demande réitérée de M. Chanal, membre du Comité sectionnaire.

La situation précaire des soldats prisonniers en Prusse, provoqua naturellement la sollicitude du Comité sectionnaire, et, dans la séance du 18 octobre, M. le comte d'Espagny annonça qu'il avait fait parvenir une somme de 40,000 fr. au comité de Bâle, pour être répartie par ses soins aux militaires prisonniers en Prusse.

Cet envoi devait précéder celui qui fut fait plus tard par l'intermédiaire d'une délégation spéciale qui partit pour l'Allemagne, alors que les évènements de guerre augmentèrent dans une très-grande proportion le nombre des prisonniers français.

Cette délégation, composée de MM. Alexis Carrel, Adolphe Morin, M. l'abbé Guinand et M. Louis Perrégaux, trouva, à son arrivée en Allemagne , M. l'abbé Rambaud qui l'avait devancée.

Les délégués distribuèrent des secours aux prisonniers répartis dans les 56 villes et forteresses où ils se trouvaient internés.

Les tarifs exorbitants des droits d'entrée en Prusse sur les objets en nature et notamment sur les lainages auraient entraîné de tels frais qu'il fût décidé, dans un but d'économie, que l'argent serait remis aux délégués pour acheter sur les lieux les objets dont ils auraient besoin pour les prisonniers.

Dans la séance du 13 décembre, sur l'invitation contenue dans une lettre de M. Vernes d'Arlandes, et adressée au Comité, il fut pris une résolution qui intéressait au plus haut degré la dignité humaine et le respect dû à ceux qui sont morts pour la Patrie. Il fut arrêté que, lors du décès des militaires dans les ambulances, les membres du Comité et même de la Société de Secours aux Blessés militaires, devront, autant que possible, se joindre au convoi et que les deux drapeaux, tricolore et de la Convention de

Genève, devront être placés sur le cercueil. Des croix furent érigées sur les tombes des soldats décédés, aux frais et par les soins du Comité.

Des permis de circulation, des réductions de place et des réquisitions de transport furent demandés à la compagnie des chemins de fer Paris-Lyon-Méditerranée et généreusement accordés par elle.

Semblable facilité fut temporairement consentie par les chemins de fer Suisses. Enfin, M. Bontoux, directeur des chemins de fer Autrichiens obtint le transport gratuit des objets en nature, envoyés aux prisonniers sur le réseau qu'il dirige.

Le 31 décembre 1870, un décret ministériel parut au *Moniteur*: il portait en substance que les jeunes gens faisant partie des ambulances volantes, que leur âge appelait sous les drapeaux, devaient quitter ces ambulances pour prendre du service actif. L'exécution stricte de ce décret aurait eu pour résultat immédiat la désorganisation complète des ambulances et leurs chefs se seraient vu privés du concours de jeunes gens, ayant déjà l'expérience des soins à donner aux blessés, rompus à la fatigue et aux privations inhérentes à leurs fonctions, pour les remplacer par des hommes au-dessus de 40 ans, n'ayant pas encore d'expérience médicale, et moins aptes à supporter la fatigue et les privations.

Après avoir pris l'avis de M. Vernes d'Arlandes, le secrétaire général du Comité sectionnaire, se chargea de faire connaître dans une lettre adressée à M. le marquis de Villeneuve-Bargemon, directeur général des ambulances volantes, pendant l'investissement de Paris, les graves inconvénients qui résulteraient de l'application de ce décret, avec prière de mettre cette lettre sous les yeux de M. Gambetta, qui réunissait alors par délégation les deux ministères de la Guerre et de l'Intérieur. Cette démarche, appuyée par M. de Villeneuve, eut le résultat que l'on pouvait en attendre. Le personnel des ambulances volantes lyonnaises ne fut point inquiété et put ainsi continuer son service sans modification aucune.

M. le docteur Michel, de Strasbourg, inspecteur général des évacuations, fut envoyé à Lyon en cette qualité, et, dès son arrivée, il jugea utile de parquer en lieux clos chaque train militaire entrant en gare ;

Un triage fut donc opéré immédiatement par les soins d'un médecin militaire ou civil ; les hommes valides furent remis à l'autorité militaire, les blessés et malades à l'ambulance. Un bureau fut établi pour le secrétariat. On disposa un réfectoire de 200 mètres carrés et une cuisine suffisamment vaste. Le bureau militaire fut installé tout auprès avec une force armée pouvant assurer la régularité des mesures prises, ainsi que le fonctionnement des services parallèles de l'Intendance et de l'ambulance.

Le réfectoire de la gare fut en progrès constant jusqu'à la fin de la campagne.

Nous donnons ici une mention toute spéciale aux services hors ligne rendus par les directeurs de l'ambulance de la gare de Perrache, MM. Piaton, Desgeorges et Perret.

Dans la séance du 3 février, M. le Président fit connaître au Comité sectionnaire que nos délégués, envoyés en Allemagne pour secourir les prisonniers, avaient été contraints de quitter le pays, malgré l'appui que leur avait constamment prêté le Comité central de Berlin pour les prisonniers, présidé par M. le duc de Ratibor.

L'un d'eux, M. Alexis Carrel, voulut bien se charger de remplir auprès des internés français, en Suisse, une mission analogue à celle dont il s'était acquitté envers les prisonniers en Allemagne. Le Comité sectionnaire lui envoya à diverses reprises des sommes énumérées dans l'état annexé à ce rapport. Partie de cet argent fut employée en achats de lainages.

M. Carrel commença sa tournée par Zug et Zurich, et visita successivement tous les lieux d'internement, en distribuant partout où il était nécessaire des vêtements, du vin, du tabac, des livres et de l'argent.

La Commission des Dames instituée pour secourir les prisonniers fit participer les internés en Suisse, comme les prisonniers en Allemagne, à de semblables envois.

Un certain nombre d'internés ayant été évacués dans le département de la Haute-Savoie, M. le docteur Rieux leur apporta des secours à Thonon et le secrétaire général en distribua à Evian dans des conditions analogues.

De même que dans les diverses gares de chemins de fer à Lyon, quelques personnes s'étaient dévouées à faire des quêtes dans les salles d'attente et dans les vagons, au profit des blessés, de même à Ambérieux, quelques dames se réunirent à la gare de cette ville, dans le même but. Pareil fait se reproduisit à la gare de Bellegarde (Ain.)

Des récriminations auxquelles se livrèrent quelques journaux mal informés, entre autres le *Journal de Genève*, du 7 février 1871, parvinrent jusqu'à nous. Ces feuilles avaient annoncé que plusieurs médecins des ambulances volantes Lyonnaises avaient quitté leurs ambulances venues en Suisse, dans un moment où les blessés et les malades avaient encore grand besoin de leurs soins.

Le Comité sectionnaire s'émut justement de ces allégations ; une enquête à ce sujet fut immédiatement faite par le secrétaire général, d'où il résulta que des médecins militaires dont nous n'avons pas à apprécier les déterminations, avaient effectivement quitté leur service, mais que les médecins des ambulances volantes Lyonnaises étaient restés à leur poste.

Le secrétaire général écrivit aux comités de Genève, de Bâle et de Neufchâtel pour protester contre ces assertions erronées et rétablir les faits.

Dès le commencement de la guerre, le secrétaire général se mit en rapport avec M. le docteur Wrede, de Berlin, chef du bureau de renseignements concernant les prisonniers français en Allemagne.

M. le docteur Wrede qui lui avait transmis fort exactement les renseignements demandés, lui fit parvenir en deux fois, une somme de 3,500 fr. destinée à être employée au ravitaillement des prisonniers allemands en France, qui traversaient Lyon pour regagner leur pays.

Une Commission composée de M. le docteur Rieux, de M. Arthur Brolemann et du secrétaire général, fut nommé à l'effet de s'occuper de ce soin, et, comme le passage des prisonniers allemands s'effectuait très-rapidement et que le temps manquait pour acheter, avec l'argent envoyé de Prusse, les vêtements dont ils avaient besoin, le Comité sectionnaire décida qu'il les leur fournirait et que l'argent du Comité prussien leur serait remis à proportion de leurs besoins.

Le nombre des prisonniers allemands qui traversèrent Lyon fut très-minime, et, lorsque leur évacuation complète sur l'Allemagne fut terminée, le secrétaire général renvoya à M. le docteur Wrede la majeure partie de la somme qu'il en avait reçue, et, sur la demande de ce dernier, lui adressa la liste des prisonniers allemands avec leurs lieux d'internement, pour que M. le docteur Wrede put leur faire parvenir les secours qui leur étaient destinés.

Dès le commencement de mars 1871, l'Intendance décida que les plus petites ambulances sédentaires seraient supprimées par voie d'extinction graduelle, en commençant par celles situées en dehors du rayon de la ville, et que les autres le seraient progressivement au fur et à mesure de la diminution des arrivages de blessés et de malades, et décida en outre que, provisoirement et en particulier, l'ambulance de la gare de Perrache continuerait à subsister comme par le passé; son établissement sur le passage immédiat des militaires la mettant à même de rendre de grands services.

Mais, dès le milieu dudit mois de mars, en présence des évacuations considérables de blessés et de malades, provenant de la rentrée des prisonniers en France, l'Intendance manifesta le désir que les ambulances sédentaires de la ville de Lyon fussent maintenues. Le personnel de ces ambulances, ayant vu avec regret que leurs services devaient prendre fin dans un délai rapproché, et que les blessés et les malades auraient à en souffrir, apprit avec satisfaction que l'Intendance revenait sur la détermination qu'elle avait prise quelques jours auparavant.

Dans la séance du 17 mars, M. le Président du Comité sectionnaire exposa que, malgré la fin de la guerre, notre société devait maintenir son organisation en prévision des événements futurs et qu'il y avait grande opportunité à accroître le nombre de ses membres. Deux avantages résulteraient de cet accroissement : augmentation de ressources et notoriété plus grande de notre société dans la ville de Lyon.

Après une longue discussion, il fut décidé que pour arriver à ce double résultat, le nombre des sociétaires serait illimité, des listes de personnes auxquelles on présumait pouvoir demander de faire partie de la Société, seraient dressées par chacun des membres du Comité sous sa responsabilité, dans la mesure la plus étendue possible. Ces listes centralisées au secrétariat seraient revisées et ramenées à une liste unique pour éviter le double emploi. On arrêta en outre que l'on adresserait une lettre-circulaire à chacune des personnes portées sur cette liste, pour lui demander son adhésion aux statuts de la Société et son acceptation d'en faire partie, moyennant une cotisation annuelle de 6 francs, perçue de préférence au commencement de l'année, chaque reçu de 6 francs étant détaché d'un registre à souche. Ces divers points ayant été adoptés par le Comité, chacun de ses membres s'efforcera d'amener à la Société le plus grand nombre possible de souscripteurs. Un agent salarié sera chargé de percevoir les cotisations. Les membres du Comité directeur paieront annuellement, en sus de 6 francs, une somme de 30 francs.

La Commission départementale de secours aux familles des soldats, présidée par M. Chanal, fonctionnant sous le patronage et avec les fonds alloués par le gouvernement, ayant épuisé ses ressources, adressa une lettre-circulaire aux présidents des conseils de famille de la garde nationale, pour aviser aux moyens de continuer la distribution des secours, proposant de faire un appel au comité répartiteur, à l'effet de demander de nouveaux subsides pour les trois catégories figurant dans la circulaire :

1° Secours aux parents âgés des soldats morts au service ;

2° Secours aux soldats amputés, estropiés ou blessés ;

3° Secours aux veuves et enfants des soldats morts au service.

La première et la dernière de ces catégories ne concernaient pas notre Société, il n'y avait que la seconde qui nous revenait, mais faisait double emploi avec les secours que nous donnions aux blessés directement, aussi le Comité n'agréa-t-il pas cette demande.

Il en fut de même pour les soldats sortant des ambulances, guéris mais sans domicile et sans vêtements civils auxquels des secours étaient indispensables.

La Commission départementale comprit cette situation et abandonna au Comité sectionnaire le soin de venir directement en aide aux blessés.

Différentes circonstances ayant déterminé le Comité répartiteur et le Comité sectionnaire à quitter les locaux qu'ils occupaient au palais St-Pierre, M. Julien, propriétaire de la maison, précédemment occupée par l'hôtel Beauquis, voulut bien mettre gratuitement à la disposition de ces deux Comités et des services qui en dépendent, le 1er étage ainsi que certaines dépendances de son immeuble.

Mme du Sordet concéda de même le 1er étage de sa maison contigue à celle de M. Julien, et plus tard, MM. Fusy et Maréchal, au nom de la Société qu'ils représentaient, mirent aussi gratuitement à la disposition du Comité sectionnaire, le local où est le siége de la chambre syndicale des entrepreneurs, jusqu'à ce que le Comité sectionnaire s'installa définitivement et à ses frais, rue St-Dominique, 11, au 1er étage, dans un vaste local disposé de façon à assurer tous les services en cas de besoin.

Dès le commencement de mai 1871, les attributions du Comité répartiteur étant forcément et heureusement diminuées, par suite du rétablissement de la paix, et les travaux du Comité sectionnaire devant se continuer, bien que sur une échelle beaucoup moins considérable, les membres de ces deux Comités résolurent d'un commun accord d'opérer une fusion. Cette fusion ayant été accomplie, il n'y eut plus que le Comité sectionnaire Lyonnais de la Société de Secours aux Blessés militaires. M. Fusy, vice-président du Comité sectionnaire, et les fonds restant en caisse se confondirent avec ceux de ce dernier Comité.

A la suite de l'insurrection qui éclata à Lyon, le 30 avril, plusieurs militaires furent blessés ; M. le docteur Rieux et le secrétaire général se rendirent auprès d'eux et, s'étant assurés que rien ne leur manquait à l'hôpital militaire, ils se bornèrent à leur laisser quelques secours en argent.

M. le docteur Viennois, envoyé à Belfort, communiqua les listes des militaires décédés en cette ville, du 14 septembre 1870, au 28 février 1871. Ces listes furent déposées au siége du Comité pour être mises à la disposition des familles des militaires et fut reproduite par les principaux journaux de Lyon.

COMITÉ SECTIONNAIRE DE LYON

Présidents honoraires . . . .
- S. Em. l'Archevêque de Lyon.
- M. le Général commandant la division de Lyon.
- M. le Préfet du Rhône.

Président . . . . M. le comte D'ESPAGNY.

Vice-Présidents . . . .
- MM. CHABRIÈRES-ARLÈS.
- Le docteur DESGRANGES.
- Félix JACQUIER.

Secrétaire général. . . . . . M. Léonce de CAZENOVE.

Secrétaires-adjoints . . . . .
- MM. Albert FITLER.
- Joseph-Régis COTTIN.

Trésorier . . . . M. Jules ROLLAND, démissionnaire, remplacé par Alph. DESGEORGES.

MEMBRES

MM. BAUDRIER.
DE CAZENOVE (Raoul).
CHANAL (F.).
CAMBEFORT (Jules).
Le docteur GAYET.
KUPPENHEIM (Joseph).
MORIN-PONS (Henri).
Le docteur OLLIER.

MM. ONOFRIO.
PIATON.
Le docteur RAMBAUD.
Le docteur RIEUX (Léon).
Le docteur ROLLET,
SAINT-OLIVE (Louis).
Le docteur TEISSIER.
VERNET (Edmond).

SECRÉTARIAT GÉNÉRAL

MM. Léonce DE CAZENOVE, secrétaire général.

Albert FITLER . . . . . . }
Joseph-Régis COTTIN . . . } Secrétaires.

Le docteur Louis LORTET. }
Henri MORIN-PONS . . . . } Secrétaires adjoints.

Jules FOREST, Secrétaire général des Commissions de Dames.

REIGNIER, Délégué pour la réception des dons en linge, charpie, etc.

BERTAUD, Caissier du Comité de secours.

Alexis CARREL, Caissier du Secrétariat.

BIENVENU, Délégué pour la réception des dons en liquide.

LIQUIER père.

LIQUIER (Fernand).

FITLER (Paul).

BRUN, agent général du Comité sectionnaire.

RAPPORT

PRÉSENTÉ

AU COMITÉ DIRECTEUR

PAR LE DOCTEUR DESGRANGES

AU NOM

DE LA COMMISSION DES AMBULANCES SÉDENTAIRES

MESSIEURS,

Le *Comité Lyonnais* de secours aux blessés militaires, dès les premières hostilités, se proposa d'organiser des *Ambulances sédentaires*, favorisé dans son dessein par l'élan de généreux patriotisme dont notre ville a donné l'exemple.

Dans ce but, il institua une Commission chargée d'examiner et de meubler les locaux destinés aux ambulances, d'établir les rapports avec l'Intendance, de tenir la comptabilité, de régler l'emploi des fonds, d'*administrer*, en un mot, jusque dans les détails, cette branche importante de l'œuvre.

La Commission des Ambulances Sédentaires, — selon le vœu du Comité, et d'après la définition même de l'autorité militaire, — *devait être pour les soldats admis dans les ambulances de la société, ce qu'était l'administration des hospices pour les soldats reçus dans les hôpitaux civils.*

Voici les noms des membres de cette Commission, notablement accrue pendant le cours de ses travaux, en raison précisément de l'extension donnée à ses attributions :

M. BAUDRIER, président à la Cour, président ;

MM. DESGRANGES, docteur; TEISSIER, docteur; P. PIATON, vice-présidents ;

MM. LORTET, docteur; F. CHRISTÔT, docteur; BLANC (Edouard), secrétaires ;

Membres : MM. BENOIT fils, BOREL, DE BOUCHAUD, BRAC DE LA PERRIÈRE, le pasteur BUISSON, CASALE, DE CAZENOVE (Raoul), CHANAL (François), CHAUVEAU, FITLER (Albert), FOREST (Jules), GARIN, GRASSIS, GUIGOU (Camille), LAMY, LUYSET (Marc), MARLIE fils, MAZUYER, ONOFRIO, président à la Cour; PERRET (Joannès), PERRIN (Gabriel), DE PRANDIÈRE (Martial), REVERDY, RIBOUD (Léon), RIBIOLLET, RICHARD (Gabriel), RODET, directeur de l'Ecole vétérinaire; Vte DE RUOLZ DE MONTCHAL (Octave), SAINT-OLIVE (Gabriel), SAINT-OLIVE (Louis), Comte DE SOULTRAIT, TAVERNIER, ingénieur; THOMASSET, VERNET (Edmond), les *Docteurs* AUBERT, BERNE, BINET (Joseph), CARRIER (Edouard), CHABALIER (Charles), FAVRE (Antoine), MARDUEL, RAVINET, RIEUX, RODET.

I

Dans le *choix des Locaux*, la Commission s'est inspirée des discussions soutenues au sein de la Société de chirurgie, en 1864, sur l'hygiène des hôpitaux.

Notre plus grande ambulance n'a pas dépassé 170 lits dans un même local (Ecole véterinaire). Les 219 lits établis chez les Frères de la Doctrine chrétienne se trouvaient disséminés dans plusieurs pavillons séparés, et leur salle de 60 lits, la plus grande de nos ambulances, se trouvait dans conditions exceptionnelles d'aération et de salubrité.

Dans l'orientation, le midi a été préféré au nord, le levant au couchant, à cause des rafales de vent d'ouest fréquentes dans nos parages, en automne et surtout en hiver.

L'éclairage, la ventilation des salles, ont été l'objet d'une attention spéciale; les parquets, les plafonds, les dépendances, les moyens de chauffage, ont été notés avec soin par les membres chargés de cet examen, et ce n'est que sur des conclusions motivées que l'acceptation ou le rejet d'un local a été prononcé.

Nous avons recherché autant que possible 50 mètres cubes d'air par malade; et, si dans quelques ambulances, le cubage était moindre, les conditions d'aération venaient corriger cette défectuosité. Nous avons aussi admis en principe que, pour un lit de malade, il faut une superficie de 10 mètres carrés; car, ainsi que l'a dit M. Larrey, le cubage d'air en hauteur n'offre pas une garantie suffisante de salubrité.

En Italie, les malades accumulés dans les églises étaient mal.

II

L'*Organisation des ambulances* devait suivre immédiatement le choix des locaux; et la première question à se poser était celle-ci: où trouver des lits en nombre suffisant et à des conditions admissibles pour garnir les appartements offerts sans aucun objet mobilier? Or, cette question était considérable, attendu que d'après l'expérience faite ultérieurement, il est bien établi que, pour transformer en ambulance une salle entièrement vide, il faut une dépense de 90 à 100 fr. par lit.

On songea d'abord à la compagnie des lits militaires, dont le matériel semblait assez complet pour faire face aux exigences du moment. Les premières ouvertures furent bien accueillies et une Commission reçut le mandat d'élaborer un projet de traité dans des conditions avantageuses. Ces préliminaires semblaient devoir aboutir ; pourtant, l'Agence lyonnaise de la compagnie ne pouvait prendre aucun engagement ferme sans l'autorisation du Conseil administratif de Paris. Pour des motifs que nous n'avons point à rechercher, et sous prétexte de manque de matériel, le Conseil refusa la ratification demandée.

Plusieurs négociants de la ville nous avaient fait des offres de literie ; leurs lettres semblaient empreintes d'un sentiment généreux et laissaient supposer qu'il n'y avait qu'à demander pour obtenir ; mais, là encore nous était ménagée une déception ; sous un semblant de patriotisme, se cachait une intention mercantile ; il s'agissait seulement de proposer en location des lits à prix réduit, au lieu du prix courant que l'on eût exigé dans des temps meilleurs.

Cette difficulté, néanmoins, n'arrêta pas la marche de la Commission, grâce à la solution qu'elle reçut. D'un côté, l'offre de la literie et des objets mobiliers faite par le directeur de l'Ecole vétérinaire ainsi que par les congrégations religieuses, et, d'un autre côté, le soin que prirent les fondateurs des ambulances séculières de tout préparer, avant de demander l'agrégation à la Société, nous permirent d'arriver, à peu de frais, à soigner un grand nombre de malades. La générosité publique multipliait les moyens d'action en proportion des besoins créés par les malheurs du temps.

III

Le matériel une fois complet, restait à organiser l'*Administration des ambulances*.

Fallait-il créer un *Bureau général*, centre du mouvement, qui se serait chargé de toute la comptabilité ainsi que de la répartition des fonds alloués à chaque ambulance? Ce système répondait assez bien à nos tendances de centralisation, à nos habitudes bureaucratiques; toutefois il avait de grandes défectuosités. Admissible pour un hôpital où tout est aggloméré, il aurait créé des lenteurs incalculables au milieu de soixante ambulances disséminées, avec lesquelles il n'aurait pu être en communication qu'à la faveur d'un nombreux personnel salarié, imposant à notre caisse des frais considérables. Et d'ailleurs, qui mettre à la tête de ce *Bureau central?* Quel homme spécial en ces matières pouvait nous aider de ses lumières? Bien des fois nous avons demandé à l'Intendance un officier d'administration pour diriger nos débuts; bien des fois nous en avons reçu la promesse; mais toujours de nouvelles exigences du service militaire ont rendu impossible l'acquiescement à nos désirs.

La mesure adoptée, au contraire, a consisté à donner à chaque ambulance ou groupe d'ambulances un *Directeur* chargé de surveiller le mouvement des malades, de contrôler la régularité des pièces fournies par le soldat, d'établir la comptabilité intérieure de chaque maison, de régler les comptes avec l'intendance et de solder les fournisseurs avec lesquels il avait le droit de passer des traités. Les achats particuliers faits sur des crédits alloués par la Commission étaient payés à la caisse de la Société, sur le visa du Directeur, confirmé par l'application d'un cachet spécial.

Tout Directeur remplissait donc, dans une certaine mesure, le rôle d'intendant et d'officier comptable ; de plus, véritable trait d'union entre son ambulance et la Commission, il rendait compte de ses travaux à nos réunions, exposait les besoins de ses malades, demandait les objets jugés nécessaires, faisait voir les difficultés soulevées sur sa route, provoquait ainsi des discussions d'où jaillissaient des éclaircissements et des solutions pratiques.

Sans doute la gestion de MM. les Directeurs n'était point soumise à un contrôle journalier ; une grande latitude même était laissée à leur initiative ; défectuosité que pourraient peut-être signaler les puristes en administration, mais défectuosité sans valeur, si l'on songe que la meilleure garantie des actes de la vie est la probité, compagne du dévouement.

Les ambulances seraient-elles ouvertes aux blessés seulement ? ou, par extension, recevraient-elles aussi des soldats malades ? à coup sûr, si l'on n'avait considéré que l'intention prédominante de la charité publique, les blessés seuls auraient été l'objet de nos soins ; mais le Comité lyonnais comprit bien vite que, malgré son titre de Société de secours aux blessés, il devait étendre sa sollicitude aux autres victimes de la guerre, à ces malades fiévreux, en si grand nombre, qui suivent les armées en campagne, celles surtout qui endurent le froid, la faim, et les fatigues sans nombre qu'entraînent les retraites précipitées.

Il fut donc décidé que la Commission userait de tout son crédit pour obtenir l'admission des fiévreux dans les ambulances ; qu'elle s'efforcerait de faire comprendre que la distance qui nous séparait des champs de bataille rendait incertaine l'arrivée des blessés à Lyon ; que d'ailleurs le jeune soldat atteint de maladie dans les camps, par le fait de la guerre, mérite le même empressement que celui qui tombe sous la balle ennemie.

Une fois cette première concession obtenue, il en restait une autre à demander : la réduction, à un petit nombre, des maladies réputées contagieuses que l'on repoussait avec effroi. Après bien des raisonnements, et non sans quelque peine, il fut établi que les vénériens ne trouveraient aucun accès dans nos ambulances ; que les varioleux seraient concentrés à l'Hôpital Militaire ou à l'hospice de Longchène, ce qui n'empêcha pas cependant plusieurs ambulances de recevoir des varioleux et de subir, par là, une aggravation de danger en même temps qu'un surcroît de fatigue.

La Commission devait-elle étendre son influence directrice à toutes les ambulances du département ou la restreindre à celle de la ville seulement ?

Tous les membres, pénétrés de la responsabilité qu'ils assumeraient en patronant des ambulances qu'ils ne pourraient ni diriger, ni surveiller, furent d'avis qu'il convenait de laisser aux comités locaux la libre administration de leurs œuvres, et de se contenter de signaler à M. l'Intendant ceux qui s'adresseraient à nous pour faire accepter leur concours. Toutefois, par suite de circonstances particulières, quelques exceptions ont été faites à cette règle. Ainsi, nous avons agrégé quatre ambulances à quelques kilomètres de la ville : celle des Dominicains d'Oullins, à cause de son importance et de cette circonstance particulière que l'un de nous, M. Riboud, habite cette localité une partie de l'année ; celle d'Ecully, à raison de sa proximité et de sa bonne gestion ; celle des Ursulines, de Saint-Cyr, parce qu'elle avait rendu des services et manquait des ressources nécessaires pour continuer sans augmentation du prix de journée ; celle de Neuville-sur-Saône, sur la recommandation de notre collègue, M. de Prandière, qui nous dépeignait la valeur des résultats obtenus et consentait à partager avec M. Ribiollet les soins de la direction.

L'événement nous a donné raison : nous n'avons eu qu'à nous louer beaucoup de nous être attaché directement ces ambulances.

La *Commission médicale* avait reçu le mandat d'organiser les services de médecine.

Nous nous serions donc bien gardés de nous ingérer dans ses attributions, si la force des choses ne nous avait amenés, malgré nous, à nous occuper de ce sujet important. Voici comment. La majeure partie des congrégations, les organisateurs, les dames fondatrices des ambulances séculières, en nous offrant des locaux, désignaient, du même coup, le médecin de leur choix : tantôt ce désir était nettement formulé dans la lettre d'avis, tantôt catégoriquement exprimé aux délégués chargés de visiter les lieux. — Que faire alors ? La *Commission des ambulances sédentaires* devait-elle décliner sa compétence et renvoyer la demande à la Commission médicale ? Ou bien devait-elle traiter directement avec les intéressés ? Le premier procédé était le plus régulier, mais il entraînait des lenteurs préjudiciables ; le second, avait le grand avantage de supprimer des démarches complexes de nature à refroidir les tièdes ; mais il avait aussi l'inconvénient, de communiquer à la Commission médicale des choix arrêtés d'avance, et de ne plus lui laisser que le soin d'une ratification illusoire. Néanmoins, je le répète, ce dernier parti nous était imposé par la répulsion qu'inspirait l'idée de nouvelles formalités à remplir pour faire agréer une ambulance et la mettre en pleine activité. Ce n'est pas tout : la Commission médicale ne se réunissant qu'une fois par semaine, était dans l'impossibilité de parer aux éventualités journalières. Une fois, le Président dut chercher d'urgence un médecin pour une ambulance ouverte de la veille et dont le titulaire était inconnu ; ce dernier pouvait-il, supplanter son confrère ? Non évidemment. Une autre fois, le directeur d'une grande ambulance eut à pourvoir d'office au remplacement d'un médecin malade ; dans une troisième circonstance, une ambulance agrégée demanda son ouverture six jours avant celui où la nomination du médecin aurait suivi la marche régulière. Convenait-il d'imposer ce délai à des besoins pressants ? On en jugea autrement ; un médecin fut désigné et l'ambulance fonctionna au jour indiqué.

Enfin, la *Commission médicale* ne pouvait se désintéresser complètement sur les questions de doctrine, alors que la *Commission des ambulances sédentaires* pouvait n'envisager que les faits, confiante d'ailleurs dans l'honorabilité des hommes. C'est ainsi qu'une de nos meilleures ambulances nous aurait échappé, si nous n'avions maintenu à la tête du service un docteur demandé par les Dames directrices et dont le nom n'avait pas trouvé faveur au sein de la Commission médicale. Et cependant, tout s'est passé de la façon la plus heureuse : bien des maux ont été soulagés; des soins véritablement maternels ont entouré les jeunes soldats qui, tous, à leur départ, ont trouvé de bonnes paroles pour exprimer leur reconnaissance.

J'aurais dû peut-être passer sous silence ces détails de gestion, qui ne pouvaient altérer en rien la bonne harmonie des Commissions entre elles; je l'aurais fait, à coup sûr; si je n'avais eu à tracer que l'histoire du passé; mais dans l'incertitude de ce que l'avenir nous réserve, j'ai cru nécessaire de faire entrevoir que, dans une œuvre comme celle qui nous a occupés, il serait avantageux que l'organisation du service médical fût laissée à la Commission des ambulances; Commission compétente puisqu'elle renferme et peut toujours renfermer des médecins dans son sein; puisque, dans ses fonctions, elle est assimilable, sous beaucoup de rapports, au Conseil administratif des Hospices civils.

IV

L'intendance militaire, dès les premiers pourparlers, avait accepté de prendre à sa charge une partie des frais, moyennant une rétribution fixe par homme et par journée de traitement. Déjà les Hospices civils avaient obtenu un *prix de journée* de 1 fr. 25 c. ;

mais les ambulances sédentaires, où tout était à créer, matériel et personnel, dont le plus grand local ne contenait que 219 lits et dont plusieurs n'en contenaient que six ou huit, pouvaient-elles marcher aux mêmes conditions, sans imposer à la Société de trop lourds sacrifices? La *Commission des finances* ne le supposa point; aussi, son avis, motivé sur la cherté des vivres et sur la rareté exceptionnelle des denrées, en cas d'investissement, fut-il que le prix de journée ne pouvait être inférieur à 2 fr. De son côté, M. l'intendant divisionnaire faisait valoir, à juste titre, les charges écrasantes du Trésor public et ne consentait point à adhérer aux désirs de la Société.

Les choses cependant ne pouvaient en rester là; entre des hommes animés de bonnes intentions, l'accord est toujours possible. Après donc des concessions mutuelles, un traité, réglant le prix de journée à 1 fr. 50 c. pour les soldats et à 2 fr. pour les officiers, fut signé, le 8 octobre 1870, par M. l'Intendant chargé des Hôpitaux militaires et par notre Président.

Tout semblait donc définitivement arrangé, lorsqu'un arrêté ministériel, en date du 25 octobre 1870, vint nous donner de vives inquiétudes.

En effet, le Ministre de la guerre décidait que son département ne paierait aux ambulances privées qu'un franc par jour et par malade. Sans doute, l'arrêté ne pouvait atteindre notre traité en bonne forme, de date antérieure; mais nous ne pouvions point forcer M. l'Intendant à nous donner des malades à des conditions contraires aux ordres du Ministre. Il fallait donc accepter 1 fr. au lieu de 1 fr. 50 c., ou s'exposer à voir les ambulances rester vides. Le *Comité Directeur* décida que l'on se contenterait du prix de journée d'un franc et qu'on demanderait des crédits suffisants pour achever l'œuvre commencée.

Plus tard, la situation s'améliora. En vertu même d'une circulaire ministérielle, le prix de journée fut remis à 1 fr. 50 c. pour toutes les ambulances de la Société, à partir du 1er janvier 1871.

V

L'*Ouverture des ambulances* a eu lieu *le* 11 *octobre* 1870. Ce jour-
là, les Frères de la Doctrine chrétienne recevaient leurs premiers
malades; et, trois jours plus tard, l'École Vétérinaire ouvrait ses
portes aux soldats.

Le mouvement ascensionnel peut être compris d'après les indications suivantes :

1870 — 23 octobre,   28 ambulances,   818 lits occupés.
1870 — 10 décembre, 28 ambulances,   981 lits occupés.
1870 — 17 décembre, 30 ambulances, 1000 lits occupés.
1871 — 1er février,   47 ambulances, 1400 lits occupés.
1871 — 11 février,   50 ambulances, 1645 lits occupés.
1871 — 15 février,   56 ambulances, 1800 lits occupés.

En réalité, nous avons organisé 1923 lits répartis en 62 ambulances, y compris celle de la gare de Perrache dont l'importance a
été majeure et la durée exceptionnelle, à raison des services particuliers qu'elle a rendus. Infirmerie, dortoir, réfectoire ; tout y était
installé pour panser les blessés, abriter et nourrir les soldats de
passage. Je laisse à MM. les Directeurs le soin de faire connaître
le nombre et la variété des secours distribués jour et nuit (1).

Nos 1923 lits, répartis en 62 ambulances, n'ont point servi tous
ensemble et cela se comprend à merveille. Quelques-unes des premières ambulances étaient déjà fermées que les dernières étaient à

Voir le Rapport de l'ambulance de la gare de Perrache.

peine ouvertes ; mais nous avons eu, *du 15 février au 15 mars 1871*, 1800 *lits au moins en pleine activité ;* lits établis dans les meilleures conditions hospitalières.

A ceux qui trouveraient peut-être nos efforts peu fructueux et le résultat obtenu bien minime, eu égard à la population de notre ville, je dirais : — Regardez l'Hôtel-Dieu et demandez combien il renferme de malades ; 1100, vous sera-t-il répondu ; allez actuellement à l'Hôpital militaire, cherchez ce qu'il peut contenir et vous apprendrez que 600 lits représentent son chiffre fort et que, à 700, il est plein de fond en comble. Or, si vous voulez songer au budget de ces établissements, au matériel qu'ils possèdent, au personnel qui les desservent, aux fonctionnaires de tous ordres qui les administrent, vous comprendrez quelle a été l'entreprise de la Société et quel labeur ont accepté les hommes chargés de cette mission.

LISTE GÉNÉRALE DES AMBULANCES.

Centre de la Ville.

1° *Ecole vétérinaire* . . . .   170 lits.
    Directeur : M. H. Rodet ;
    Médecins : MM. Dime, Chatin et Delore.

2° *Saint-Jean* (Sœurs de Saint-Vincent-de-Paul.) . .   33 »
    Directeur : M. de Bouchaud ;
    Médecins : MM. Boissières et Dufieux.

3° *Archevêché* . . . .   40 »
    Directeur : M. de la Perrière ;
    Médecins : MM. Bouchacourt, Peyraud et Marduel.

4° *OEuvres des Messieurs* . . . .   20 »
    Directeur : M. de la Perrière ;
    Médecin : M. Teissier.

5° *M. Marlie* . . . . , ...   12 »
    Directeur : M. Marlie ;
    Médecin : M. Teissier.

6° *M. le Curé de Saint-François* . . . .   6 »
    Directeur : M. de Bouchaud ;
    Médecin : M. Berne.

7° *Salle d'Apollon* . . . .   40 »
    Directeur : M. Borel ;
    Médecins : MM. Emery et Gallavardin.

A reporter. . .   321 lits.

Report. . . . 321 lits.

8° *Missions Africaines* (ambulance fondée par M. Félix
      Girard, libraire) . . . .   40 »
    Directeur : M. le vicomte Octave de Ruolz :
    Médecin : M. Bachelet.

9° *Consistoire Protestant* . . . .   20 »
    Directeurs : MM. Buisson et Fitler ;
    Médecins : MM. Christôt et Rollet.

10° *Ambulance Suisse.* . . . .   22 »
    Directeur : M. Ed. Vernet ;
    Médecins : MM. Gignoux père, L. Gignoux et Icard.

11° *Sœurs de Bon Secours* . . . .   12 »
    Directeur : M. Onofrio ;
    Médecins : MM. Keisser et Berne.

12° *MM. Piaton et Bredin* . . . .   25 »
    Directeur : M. Reverdy ;
    Médecin : M. Coutagne.

13° *M. Jance* . . . .   9 »
    Directeur : M. Onofrio ;
    Médecin : M. Cognard.

14° *Ambulance Saint-Nizier* . . . .   22 »
    Directeur : M. Guigou ;
    Médecins : MM. Guyennot et Rollet.

15° *Ambulance du Cours Rambaud* . . . . . .   16 »
    Directeur : M. de Prandière ;
    Médecins : MM. Bouchacourt et Aubert.

16° *Ambulance de la Rue du Plat* . . . .   16 »
    Directeur : M. le comte de Soultrait :
    Médecins : MM. Berne et Keisser.

17° *M. Carrel* . . . .   6 »
    Directeur : M. le docteur Marduel ;
    Médecin : M. Gubian.

A reporter. . . 509 lits.

Report. . . .	509 lits.

18° 19° *Bataillon*, 4° *Compagnie* de la garde nationale . 8 »
    Directeur: M. G. Saint-Olive ;
    Médecin : M. Garnier.

19° *Ambulance de la Rédemption* . . . . 15 »
    Directeur : M. Saint-Olive ;
    Médecin : M. Bondet.

20° *M. Courajod* . . . . 11 »
    Directeur : M. le docteur Marduel ;
    Médecin : M. Icard.

21° *Ambulance Saint-Polycarpe* . . . . 13 »
    Directeur : M. Guigou ;
    Médecin : M. Bonnaric.

22° *Ambulance de la rue du Peyrat* . . . . 15 »
    Directeur: M. de Bouchaud ;
    Médecin : M. Desgranges.

23° *Ambulance de la rue du Garet* . . . . 16 »
    Directeur : M. Guigou ;
    Médecin : M. Clermond.

24° *Ambulance du quai de Retz* . . . . 12 »
    Directeur: M. Lamy ;
    Médecin : M. Chassagny.

25° *Ambulance du Comptoir d'Escompte* . . . . . . 20 »
    Directeur : M. le docteur Desgranges ;
    Médecin : M. Bron (Félix) :

26° *Ambulance de Noailles* . . . . 16 »
    Directeur : M. Max Grassis ;
    Médecins: MM. Neyret, Delore et Chappet.

A reporter. . .	635 lits.

Croix-Rousse.

27° *M. Colomb-Degast* . . . . 20 »
    Directeur : M. Gabriel Perrin ;
    Médecin : M. Emery.

28° *M. le docteur Gérard* . . . . 10 »
    Directeur : M. Gérard ;
    Médecin : M. Gérard.

29° *MM. Duviard et Dolfus* . . . . 7 »
    Directeur : M. Casale ;
    Médecin : M. Duviard.

30° *Infirmerie Evangélique* . . . . 6 »
    Directeur : M. Ed. Blanc.
    Médecin : M. Després.

31° *M. Vassel* . . . . 18 »
    Directeur : M. Casale ;
    Médecins : MM. Chavanne et Fresne.

Fourvière et St-Just.

32° *Couvent de N.-D. des Missions* . . . . 42 »
    Directeur : M. Benoît fils ;
    Médecin : M. Perroud.

Report. . . . 738 lits.

33° *Couvent de la Solitude* . . . . 45 »
   Directeur : M. Benoît fils ;
   Médecin : M. Lavirotte.

34° *Frères de la doctrine chrétienne* . . . . . . 219 »
   Directeur : M. Thomasset ;
   Médecins : MM. Berchoud père, Pomiès, Vernay
   et Berchoud fils.

35° *OEuvres des Convalescentes.* . . . . 25 »
   Directeur : M. Thomasset ;
   Médecin : M. Frestier.

36° *Pensionnat des Minimes* . . . . 20 »
   Directeur : M. Thomasset ;
   Médecin : M. Arthaud.

37° *Dames de la Retraite de St-Régis* . . . . . . 54 »
   Directeurs : MM. Richard (Gabriel) et Garin ;
   Médecin : M. Arthaud.

38° *Dames de Jésus-Marie* . . . . 60 »
   Directeurs : MM. Richard et Garin ;
   Médecin : M. Lacour.

39° *Providence Caille.* . . . . 16 »
   Directeur : M. Ed. Blanc ;
   Médecin : M. Rieux.

40° *Hospice du Calvaire* . . . . 14 »
   Directeur : Ed. Blanc ;
   Médecin : M. Lacour.

41° *Couvent de la Visitation.* . . . . 50 »
   Directeurs : MM. Richard et Garin ;
   Médecin : M. Carrier.

42° *Couvent St-Michel* . . . . 20 »
   Directeurs : MM. Richard et Garin ;
   Médecin : M. Sérulas.

A reporter. . . 1.261 lits.

43° *M. Demoustier* . . . . 14 »
Directeurs : MM. Richard et Garin ;
Médecin : M. Sérulas.

44° *M. Perrachon* . . . . 12 »
Directeurs : MM. Richard et Guérin ;
Médecin : M. Sérulas.

45° *Sacré Cœur des Anglais.* . . . . 30 »
Directeurs : MM. Richard et Garin ;
Médecin : M. J. Binet.

46° *M. Binet* (docteur) . . . . 6 »
Directeur : M. Binet ;
Médecin : M. Binet.

47° *La Sainte-Famille* . . . . 20 »
Directeur : M. Gabriel Perrin ;
Médecin : M. Morel.

48° *Ursulines de St-Irénée* . . . . 25 »
Directeurs : MM. Richard et Garin ;
Médecin : M. Gubian.

49° *Couvent de Marie-Thérèse* . . . . 8 »
Directeur : M. Ed. Blanc ;
Médecin : M. Rambaud.

50° *Pères Maristes* . . . . 25 »
Directeur : M. Benoît fils ;
Médecin : M. Louis Gignoux.

Extra Muros.

51° *Hospice de St-Jean de Dieu.* . . . . . . 25 »
Directeur : Frère Edmond Pétel ;
Médecin : M. Grenard.

A reporter. . . . 1.426 lits.

Report. . . . 1.426 lits.

52° *M. Carrier* (docteur). . . . .   30 »
    Directeur : M. Carrier ;
    Médecin : M. Carrier.

53° *Sacré Cœur de la Ferrandière.* . . . . . .   70 »
    Directeur : M. le docteur Ravinet ;
    Médecin : M. Ravinet.

54° *Petites Sœurs des pauvres* . . . .   20 »
    Directeur : M. Chanal ;
    Médecin : M. Poulet.

55° *Institut Hydrothérapique* . . . .   16 »
    Directeur : M. Casale.
    Médecin : M. Brochard.

56° *Dominicains, Oullins.* . , r . . . . 115 »
    Directeur : M. L. Riboud ;
    Médecin : M. Dupuy.

57° *Ambulance d'Ecully* . . . .   20 »
    Directeur : M. Marc Luizet ;
    Médecin : M. Terver.

58° *M. Guérin, à Monplaisir* . . . .   8 »
    Directeur : M. J. Forest ;
    Médecin : M. Soulier.

59° *Ursulines de St-Cyr au Mont-d'Or* . . . . .   20 »
    Directeur : M. Mazuyer ;
    Médecin : M. Ygonin fils.

60° *Ambulance de Neuville-sur-Saône* . . . . .   68 »
    Directeur : M. Ribiollet ;
    Adjoint : M. de Prandière ;
    Médecins : MM. Ponnet et Rondet.

61° *Ambulance de Balmont* . . . .   10 »
    Directeur : M. R. de Cazenove ;
    Médecin : M. Terver.

A reporter. . . . . 1.803 lits.

Report. . . 1.803 lits.

Service spécial.

62e *Ambulance de la gare de Perrache* . . . . . . 120 »
    Directeurs : MM. J. Perret, P. Piaton et Alphonse
      Desgeorges ;
    Médecins : MM. Favre, Rieux, Bergeron et Tallon.

                     Total . . . . . 1.923 »

Villefranche n'est point restée en dehors des travaux entrepris en faveur de nos soldats. Un *Comité auxiliaire* s'y est organisé ; et, grâce à son impulsion, plusieurs ambulances ont été ouvertes dans l'arrondissement. Elles ont reçu jusqu'à 380 malades, non compris les lits occupés par les Alsaciens à l'hospice de la ville.

COMITÉ AUXILIAIRE DE VILLEFRANCHE.

MM. Royé-Belliard, président ; Charvet, Savigny, Perrayon, Monin, Marion, Collonge, Teillard, Méhu, Tornier.

MM. les docteurs Guillot, Perret, Lassalle père, Gauthier, Missol, Lassalle fils.

Je transcris ici l'état des Ambulances de Villefranche et des communes voisines, tel qu'il m'a été remis par le Trésorier du Comité, à la date du 9 février 1871.

Dans la suite, le nombre des lits s'est élevé à 400.

Villefranche.

1° *Petites Sœurs des pauvres*	20 lits.
2° *Ursulines*	2 »
3° *St-Joseph*	10 »
4° *Frères*	15 »
5° *Ecole normale.*	24 »
6° *M. Royé-Beillard.*	10 »
7° *M. Collonge*	6 »

Communes de l'Arrondissement.

8° *St-Georges.*	26 »
9° *Dénicé*	9 »
10° *Belleville*	40 »
11° *St-Lager*	44 »
12° *Lancié-Fleurie*	32 »
13° *Beaujeu*	110 »
Total	348 lits.

Les ambulances de Beaujeu ont conservé leur autonomie, se trouvant en rapport direct avec l'intendance ; elles ont rendu les plus grands services, sous la direction habile et dévouée de M. P. Michaud.

Le comité de Villefranche, par l'utile concours qu'il nous a prêté a contribué au soulagement des maux de la guerre ; il mérite donc une bonne part de la reconnaissance publique.

Le 15 mai 1871, les *ambulances ont été évacuées*, suivant la décision de M. l'Intendant divisionnaire ; décision notifiée par une lettre qui louait le zèle des directeurs, des médecins, de tous ceux enfin qui, venus en aide à l'administration militaire, avaient fait de Lyon la « Ville hospitalière par excellence. »

VI

Du 11 octobre 1870 au 15 mais 1871, nos ambulances sédendentaires, sans compter celle de la gare de Perrache, ont reçu 7,126 blessés ou malades.

Les journées de traitement se sont élevées au chiffre de 182,000.

Le nombre des décès a été de 375 ;

Soit une mortalité de 5,26 pour 100.

La proportion des guérisons, 94,74 pour 100, est donc consolante relativement aux conditions sanitaires de l'armée ravagée par la variole, décimée par la dyssenterie et la fièvre typhoïde ; relativement aussi aux complications graves des plaies : pourriture d'hôpital, infection purulente ; conséquence inévitable des souffrances imposées au soldat par le froid, la fatigue et la mauvaise nourriture. Ces pauvres jeunes gens étaient maigres, affaiblis, au visage hâve ; chez eux, l'affection la plus simple était longue à guérir, la plaie la plus légère avait peine à se cicatriser. En les voyant, on comprenait, avec tristesse, qu'un décret dictatorial ne fait point une armée ; qu'un chant patriotique, d'un autre âge, ne peut seul enchaîner la victoire ; que, si des armes, des munitions sont indispensables à la guerre, une alimentation confortable, des soins hygiéniques ne sont pas moins rigoureusement nécessaires.

VII

Le *prix de journée* a subi de notables écarts suivant l'importance de l'ambulance et suivant les rigueurs de la saison.

A l'Ecole vétérinaire (170 lits,) il a varié de 1 fr. 35 à 1 fr. 50 ; pour d'autres, il s'est élevé à 1 fr. 58, 1 fr., 70, 1 fr. 75 et 2 fr. ; il a même atteint 2 fr. 50 pour quelques petites ambulances ; mais cet excédant de dépenses a été fortement atténué pour notre caisse, par le soin qu'ont eu les fondateurs de se constituer un fonds de roulement et d'obtenir des souscriptions mensuelles.

Trois ambulances ont marché sans le secours du prix de journée : celle du consistoire protestant, organisée et soutenue par M. le pasteur Buisson, à la faveur de dons particuliers ; celle de M. Guérin, restée entièrement à la charge de son fondateur ; l'ambulance Suisse, dont les administrateurs ont remis l'argent reçu de l'Etat au *Comité Lyonnais de secours aux cultivateurs des départements dévastés par la guerre*.

Les *fonds* mis à notre disposition comprennent :

1° 294.832 fr. 95 c. provenant des prix des journées, des frais d'inhumations, etc., payés par l'administration militaire ;

2° 78.000 fr. alloués en différents crédits, par le *Comité réparti-teur* (8.000 fr., 5.000 fr., 15.000 fr., 50.000 fr.) ;

3° 1.740 fr. de dons particuliers.

Soit une somme de *soixante-dix-neuf mille sept cent quarante francs,* (78.000 — 1.740 fr.) dont nous avons à justifier l'emploi en produisant nos comptes, car il nous semble inutile d'insister sur les versements de l'Etat, à raison du contrôle spécial dont ils ont été l'objet.

Donc, en dehors de toutes les sommes ordonnancées par l'intendance ; *nous avons dépensé quarante-deux mille cent quatre-vingt dix-huit francs vingt centimes* (42.198 fr. 20 c.) lesquels ont été affectés : pour une part, à parfaire le prix de journée pendant le dernier trimestre de 1870 ; pour une autre, à solder les dépenses des Ambulances qui réglaient sur comptes, sans pouvoir équilibrer leur budget avec 1 fr. 50 par jour ; pour une troisième, à acheter de la lingerie ; pour une quatrième, à nous procurer des billets de salle, des certificats de décès et des feuilles de congé : toutes choses que nous supposions devoir rester en dehors de nos charges ; pour une cinquième enfin, à accorder des indemnités, soit pour épuration de la literie, soit pour réparation de locaux.

Notre administration a donc été économe, puisque sur un budget de *soixante-dix-neuf mille sept cent quarante francs* (79.740) elle rend ses comptes, — vérification faite par M. Thomasset, — avec un excédant de *trente-sept mille cinq cent quarante-un francs quatre-vingt centimes,* (fr. 37.541 fr. 80 c.) — sans faire entrer en ligne une quantité considérable de linge renvoyé par les Ambulances à la Société, après un usage plus ou moins long.

Avons-nous été parcimonieux? Nous ne le pensons pas, car le régime de chaque ambulance a été calculé d'après les quantités réglementaires des hôpitaux militaires; et, si la règle a été oubliée plus d'une fois, on peut affirmer que l'infraction a été commise par excès et non point par défaut. D'ailleurs, j'ai souvent demandé aux représentants de l'autorité militaire si les soldats sortaient contents des Ambulances, et toujours j'ai reçu les réponses les plus flatteuses.

Malgré la fermeture officielle des Ambulances, nous avons gardé encore pendant un mois un pauvre malade dans un état si déplorable que le simple transport dans un hôpital pouvait lui devenir funeste. De ce fait, nous avons dépensé 50 fr. ; mais, en échange, nous avons eu la satisfaction d'apprendre son rétablissement, sous l'heureuse influence des soins persévérants qu'il a reçus des sœurs de St-Vincent-de-Paul.

VIII

Les *Dons* offerts à la Société par la générosité publique, ont été variés et nombreux, et, de ces dons, la part faite aux Ambulances sédentaires a été importante.

Nous avons reçu beaucoup de caisses de linge et d'objets de pansement ;

Nous avons distribué :

262 Hectolitres de vin, de diverses provenances ;
862 Bouteilles de vin de Bourgogne ou de Beaujolais ;
631 Bouteilles de vin de Bordeaux :
165 Bouteilles de vin de Marsala :
 25 Bouteilles de vin de Malaga :
 95 Bouteilles d'Élixir végétal;
2 Caisses de citrons, 22 kilos et demi de tabac à fumer, plus 3.000 oranges ;

400 Paires de chaussettes de laine, 200 chemises de flanelle, et 300 paires de souliers environ sur le nombre total des chaussures achetées par la Société.

L'Administration des Hospices civils a offert aux Ambulances les remèdes au prix de revient, jusqu'à concurrence d'une somme de 6.000 fr. par mois. De plus, à la date du 4 mars dernier, elle a mis à notre disposition 16 bains par jour, 8 ordinaires et 8 de barèges ou de vapeur.

M. l'Intendant nous a accordé, sur bons, des couvertures, des vêtements militaires ; il nous a donné 2.000 cigares.

Mme Millevoye nous a remis, plusieurs fois, des vêtements, au nom du Comité des dames.

M. Ferrand nous a ouvert sa pharmacie, pour 12 litres d'éther rectifié au degré voulu pour l'anesthésie.

En espèces, nous avons reçu : 100 fr. de M. Chanal, 1.640 fr. de l'hospice de Saint-Jean-de-Dieu et 500 fr. de Monseigneur l'Archevêque ; somme que j'ai remise, en son nom, à Mmes Lapaine et Renoux pour acheter des vêtements plus spécialement destinés aux prisonniers de guerre.

Nous sommes heureux d'avoir été les mandataires de la charité publique ; et nous reportons volontiers, à ceux qui nous ont aidés, une part légitime de la gratitude et de la sympathie que nous avons recueillies, en échange des bienfaits que nous avons répandus.

Parmi les donateurs empressés à secourir nos blessés, une place doit être réservée au *Comité de Genève*, sous la présidence de M. Moynier et à l'*Institut international pour la confection de membres artificiels, de Bâle* (Suisse), sous la présidence de M. le professeur Socin.

L'*Institut de Bâle* avait fondé un petit hôpital destiné à recueillir les mutilés pendant le temps nécessaire à la fabrication des membres artificiels. Pour y faire admettre les nôtres, je devais adresser une demande nominative à l'Institut ; chaque demande était enregistrée suivant son numéro d'ordre ; puis j'étais averti des lits mis à notre disposition, et j'organisais le départ, en en donnant avis à l'Institut.

Tout d'abord, nous hésitâmes à accepter les propositions de l'*Institut de Bâle ;* le voyage était long et les frais de route représentaient presque le prix des appareils que nous aurions pu faire confectionner chez nous. Mais une combinaison aussi habile que généreuse mit à néant toutes les objections.

Le *Comité de Genève* nous offrit des cartes de séjour dans cette ville ; il prit, en outre, à sa charge les frais de transport jusqu'à Bâle ; tandis que, de son côté, l'*Institut de Bâle*, une fois les appareils achevés, dirigeait les hommes sur Genève, où ils devenaient l'objet de nouveaux soins, jusqu'au moment de leur retour en France.

Il ne restait donc plus à la charge du *Comité lyonnais* que le voyage de Genève, aller et retour, soit 20 fr. en 3ᵉ classe. En résumé, le Comité faisant la part des besoins imprévus, donnait 30 fr. à chaque amputé au moment du départ ; et, d'après les renseignements que j'ai recueillis moi-même, cette somme mettait les soldats en état de voyager sans privations.

Nous avons, de la sorte, fait partir *douze* amputés qui, tous, se louent des soins affectueux dont ils ont été l'objet, et se déclarent satisfaits des appareils qu'ils ont reçus, le plus souvent, en doubles. J'ai vu plusieurs membres artificiels fabriqués par l'Institut et je me plais à reconnaître qu'ils remplissent les indications de la prothèse d'une façon à la fois utile et élégante.

Les sympathies de la Suisse envers nous se sont donc révélées, dans ce nouvel ordre de faits, aussi sincères, aussi touchantes qu'elles s'étaient affirmées, sur une grande échelle, en faveur de notre armée de l'Est. On ne peut dire vraiment ce qu'on admire le plus, chez ce peuple ami, de sa bonté native qui sait compatir à toutes les misères, ou de sa haute raison qui le fait vivre dans la paix, dans la prospérité, au milieu des agitations européennes. Toutefois, un sentiment domine tous les autres : C'est la gratitude pour des bienfaits reçus dans un temps où nos malheurs les rendaient si précieux.....

IX

Le dicton populaire : *Il n'y a point de roses sans épines*, s'il n'était formulé depuis longtemps, devrait l'être à l'occasion des ambulances. Que de difficultés, que de détails, indépendamment des *grands embarras* dont nous parlerons dans un instant. Plus on entend crier à la liberté, plus on est exposé à voir celle d'autrui se superposer à la sienne propre.

Les malades devaient être envoyés dans les ambulances avec un billet d'entrée portant le cachet de l'Intendance ou l'attaché de M. l'officier comptable de l'hôpital militaire. Or, messieurs les chefs de corps trouvaient bien plus simple, bien plus commode de les faire entrer d'autorité, avec menace de la force, sans même prendre le soin de remettre un billet contenant tous les renseignements nécessaires pour dresser un acte régulier de décès, en cas d'issue funeste. Que de fois MM. les directeurs ont dû écrire, afin d'obtenir les indications qu'aurait fournies une pièce régulière. Aussi, M. l'intendant frappé des perturbations qu'un pareil mouvement aurait jetées dans notre comptabilité, y porta remède en acceptant un billet d'office à la date d'entrée ; billet fait et signé par le directeur et contre-signé par le médecin.

Une excellente mesure vint encore simplifier et accélérer le mouvement des malades ; je veux dire la faculté accordée à l'ambulance de la gare de Perrache de donner des billets réguliers d'admission. Dans ce but, M. l'officier comptable de l'hôpital militaire faisait faire la ronde des ambulances par 2 sergents chargés de noter les lits vacants ; il s'en réservait un nombre proportionnel aux éventualités de la journée, puis il adressait à l'ambulance de la gare la liste de ceux dont elle pouvait disposer.

Les *congés de réforme* ont été la source de bien des variations dans le *modus faciendi*, jusqu'au jour où l'on nous donne l'instruction de faire, pour les hommes proposés dans chaque ambulance, un état nominatif, en triple expédition, avec certificats de médecin à l'appui : l'une de ces expéditions destinée au général, l'autre à l'intendant, la troisième au commandant chargé du recrutement.

L'obtention des *congés de convalescence* a été d'une simplicité remarquable depuis que M. le docteur Marmy, médecin principal de 1re classe, a été attaché aux ambulances, en qualité d'inspecteur. Le médecin traitant faisait un certificat de visite que M. Marmy signait pour contre-visite ; puis, la pièce, transmise à l'état-major, était renvoyée, quelques jours plus tard, avec le congé en bonne forme.

La collaboration de M. le docteur Marmy nous a été précieuse. Admis à nos séances, il nous a éclairés de ses avis et mis au courant des usages militaires ; bien connu de la plupart de nous, bien apprécié pour ses travaux scientifiques et la droiture de son caractère, il a conquis l'estime, la sympathie de tous et emporté nos regrets lorsque le Gouvernement lui a confié la direction des ambulances du 1er corps d'armée de Versailles. Son successeur, M. le docteur Beaunis, nous a rendu tout aussi agréables les relations avec la chirurgie militaire ; jeune et déjà avancé en grade, agrégé à la Faculté de Strasbourg, auteur distingué en anatomie, il nous a fait voir l'affabilité unie à la science.

Permettez-moi, Messieurs, d'attirer un instant vos regards sur les *orages* qui ont assailli notre œuvre, l'ont ébranlée momentanément, sans y causer un préjudice réel.

4

Le premier coup de vent s'est fait sentir, à Caluire, sur la maison des Frères de la Doctrine chrétienne.

Imitateur des agissements du *Comité de salut public Lyonnais*, le Conseil municipal de Caluire déclare *propriété communale* la maison des Frères, sans s'arrêter à cette idée qu'un ordre reconnu d'utilité publique, par conséquent personne civile, peut posséder à l'égal de tout citoyen qui jouit de ses droits. En vertu de l'Arrêté municipal, il y eut prise de possession, installation d'un gardien et, par mesure de prudence, le local fut mis sous la protection de la garde nationale; protection à titre onéreux, il est vrai, puisque le poste mettait à profit les provisions des Frères.

C'était en septembre 1870; nous étions en pourparlers avec le Frère Directeur pour les ambulances, et je crus devoir faire quelques démarches dans l'espoir de conserver à la Société un local admirablement disposé. J'allai trouver le maire de Caluire; je lui exposai les besoins du moment; je lui montrai les articles de la convention de Genève stipulant que la neutralité est perdue pour les ambulances gardées par une force militaire; je soutins que les soins donnés aux blessés occupaient une place importante dans la défense nationale; bref, je réclamai le local. Le Maire parut peu touché de mon discours; il se retrancha derrière son Conseil; pourtant il voulut bien s'engager à lui soumettre ma demande et à me faire connaître la décision ultérieure. Le Conseil maintint sa délibération ou plutôt déclara ne plus posséder cette maison qu'il avait mise à la disposition du Comité de la guerre.

Peu de temps après, l'ambulance des Frères (montée St-Barthélemy) était menacée de devenir la voisine très-proche d'une garnison de mobiles: le local avait été jugé propre à cette double destination, à la suite d'une visite faite par un officier muni d'un ordre de réquisition.

Cette fois le péril était imminent. Une invasion tolérée dans une des maisons affectées aux malades militaires, les aurait toutes ouvertes ; et alors que serait devenue notre entreprise? Il fut donc décidé que le moment était venu de réagir.

Une Commission reçut le mandat de se rendre auprès du Préfet et de soutenir devant lui la nécessité de respecter les ambulances. Par l'organe du Président, elle exprima la peine que ressentait la Société, d'abord, de n'avoir jamais pu prendre possession du Grand-Séminaire, par suite de sa transformation en caserne ; ensuite, d'avoir perdu le local de Caluire par décision du Conseil municipal ; enfin de se voir menacée dans une de ses meilleures créations, alors que les besoins étaient urgents, les sollicitations pressantes. Que pouvait faire la Société si, poursuivie pas à pas, elle était gênée, contre-carrée dans tous ses mouvements? Trouvait-on ses services utiles ? Il fallait la soutenir, la dégager d'entraves sans cesse renaissantes. Comme conclusion, la Commission demandait que, conformément à la convention de Genève, aucun soldat valide ne fût introduit dans la maison des Frères.

Cette fois, nous le reconnaissons avec plaisir, nous fûmes écoutés et le calme revint là où les inquiétudes avaient été vives.

Les formes diplomatiques ne furent point suivies en ce qui concerne l'ambulance des Minimes : la suppression en fut sommaire.

Les hommes habiles du Comité de la guerre trouvèrent ingénieux d'installer une fabrique de cartouches dans cet établissement, sans s'inquiéter de sa situation au sein d'un quartier populeux, des réclamations des habitants effrayés, ni du voisinage des fortifications.

Le pensionnat des Minimes était condamné ; la sentence allait être exécutée. — Le Comité de la guerre, à la date du 18 novembre 1870, nous écrit : « Veuillez prendre les mesures nécessaires pour faire transporter *immédiatement* tous les malades qui sont aux Minimes dans la maison des Lazaristes. » Et, comme nous n'exécutons point l'ordre sur-le-champ, le Comité se charge d'office de procéder au transport

Ainsi, du même coup, l'ambulance est fermée, le pensionnat licencié, la maison envahie, trouée en divers sens et transformée en manufacture ; immense bouleversement dont le résultat demeure problématique, car on se demande encore aujourd'hui combien l'on y a fait de cartouches et ce qu'en a coûté l'unité, en tenant compte de l'indemnité due pour des dégâts faits sans ménagements. Le seul résultat qui soit patent est la suppression d'un service de malades militaires et la perturbation jetée dans un enseignement digne de la confiance des familles.

Un autre genre d'attaque était réservé à l'ambulance des Pères Dominicains d'Oullins.

La 2ᵉ légion, *Alsace et Lorraine*, avait pris ses cantonnements à Oullins et son colonel trouva commode d'instituer une ambulance, pour son corps, dans la maison des Dominicains, à côté d'une ambulance déjà fondée par les Pères et agrégée à la Société.

Un tel arrangement ne satisfit point le colonel, qui prit fantaisie, un jour d'installer un bataillon tout entier dans la maison, ne se proposant rien moins que de s'approprier l'une des deux salles de nôtre ambulance et de refouler tous les malades dans l'autre.

Ordre fut donc donné de préparer les lieux suivant les dispositions précédentes. Les Dominicains firent des observations motivées sur les intérêts des malades, sur le trouble jeté dans le service, donnant à entendre au colonel qu'ils lui laisseraient non-seulement la responsabilité du projet, mais encore celle de l'exécution.

Le chef de la légion pouvait-il s'arrêter en si beau chemin? Evidemment non. En conséquence, il envoie un détachement contre l'établissement des Dominicains ; fait donner les sommations d'ouvrir les barrières ; et comme elles restent closes et que, d'ailleurs, elles sont solides, il ordonne l'investissement de la place, avec la consigne sévère de ne rien laisser entrer ni sortir.

Les Dominicains, quoique investis, avaient dépêché, à Lyon, **deux** des leurs qui, en compagnie de l'un de nos Directeurs,

M. Borel, viennent me trouver à l'Hôpital militaire, au moment
où je terminais ma visite, pour me demander si la Société ne
pouvait pas les protéger.

Nous nous mettons immédiatement en campagne, afin d'obtenir
le déblocus, et nous dirigeons nos premiers pas vers M. l'Intendant
chargé des ambulances. La situation exposée, M. l'Intendant nous
explique que c'est une question de commandement et non d'administration; que nous devrions nous adresser au général, auprès
duquel il nous offre une lettre d'introduction.

Le général commandant la division nous accueille avec faveur,
nous écoute avec attention, se montre peiné de ce qui nous arrive;
mais nous fait observer que cette légion est encore en voie de
formation, soumise par conséquent à l'autorité civile, jusqu'au jour
où elle sera remise à l'autorité militaire. Le fait regarde M. Chal-
lemel-Lacour, ajoute le général; tout ce que je puis faire, c'est de
vous donner une lettre d'introduction auprès de lui, en vous faisant
accompagner par un de mes officiers d'ordonnance, qui demandera,
en mon nom, une audience immédiate et assistera à votre visite
pour affirmer mes sympathies à votre cause.

Nous remercions cordialement le général et nous partons en
toute hâte pour l'Hôtel-de-Ville, bien persuadés que là se trouvera
le vif du débat.

Nous sommes introduits. De prime abord, il est évident que
nous avons affaire à un homme mal disposé, et que notre entrevue
sera empreinte d'une certaine vivacité.

— Nous venons, M. le Préfet, dit le Président, vous demander
que notre ambulance d'Oullins soit maintenue dans les termes de
la convention de Genève, c'est-à-dire éloignée de toute force armée.

— J'ai besoin de locaux pour loger les soldats, répond le Préfet.

— Les habitants d'Oullins, reprend-je, les ont logés jusqu'à ce
jour; ils ne refusent pas de les loger encore.

— Le colonel, réplique le Préfet, préfère les avoir réunis sous
la main.

— Nous ne pouvons accepter que l'on transporte dans une seule salle des malades installés dans deux ; ce serait, d'une bonne ambulance, en faire une mauvaise.

— Le colonel a jugé qu'une même salle suffit à recevoir tous les hommes.

— Nous déclinons la compétence du colonel en matière d'hygiène, et nous repoussons son ingérence dans les faits médicaux, comme il repousserait la nôtre dans ses opérations militaires. D'ailleurs, M. le Préfet, nous sommes forcés de vous demander pourquoi le colonel fait actuellement le blocus de l'établissement d'Oullins.

— Que voulez-vous dire? Je ne vous comprends pas.

— Nous voulons dire que le colonel a fait investir la maison, avec ordre de ne rien laisser entrer ni sortir.

— Je ne connaissais pas ce fait et n'ai point donné d'ordre qui l'autorise.

— Nous nous voyons, à regret, forcés, M. le Préfet, de vous déclarer que la Société de secours aux blessés militaires ne peut accepter plus longtemps d'être poursuivie par les fantaisies des chefs de corps ou les injonctions de la municipalité. Nous avons perdu le Grand-Séminaire, la maison de Caluire, l'ambulance des Minîmes vidée par le Comité de la guerre, dans des formes que nous ne voulons pas qualifier, et voilà que l'ambulance d'Oullins, de 170 lits, installée dans d'excellentes conditions est menacée de devenir un réduit malsain, un foyer infectueux ; avec cette circonstance aggravante qu'un tel fait se produit au moment où l'Intendance militaire nous prie de doubler nos moyens de secours. Nous demandons qu'on nous laisse notre liberté d'action et qu'on respecte nos œuvres ; sinon, nous serons réduits à la nécessité de nous arrêter court et de rendre à l'Intendance les 1800 malades confiés à nos soins. Cette mesure grave, il est vrai, ne saurait être prise sans en référer à l'un de nos chefs, M. de Villeneuve, actuellement à Lyon.

A ce nom, le Préfet se radoucit visiblement ; il nous promet d'aller à Oullins apprécier lui-même les choses et voir comment il pourra concilier les intérêts en présence.

En effet, le Préfet se rendit chez les Dominicains, leva le blocus, fit respecter notre ambulance, accepta un bâtiment séparé pour abriter les soldats dont il réduisit le nombre à trois compagnies, donna enfin à comprendre que, une fois la légion partie, l'établissement n'aurait plus de soldats à loger.

Cette solution, bien que peu radicale, satisfit néanmoins les Pères Dominicains ; elle les préservait d'une invasion complète et sauvait l'ambulance.

Depuis lors, nous avons vécu dans le calme, car je n'attache aucune importance au léger émoi causé dans nos ambulances de St-Just et chez les propriétaires du quartier, à la suite d'une tentative faite par M. le Maire de nous trouver des lits.

Une Commission avait reçu le mandat de voir le chef de l'édilité lyonnaise, à l'effet d'obtenir la maison des Jésuites de la rue St-Hélène. Elle va le trouver, lui fait valoir l'urgence des besoins, la bonne distribution du local et la proximité où il se trouve de la gare de Perrache ; condition excellente en faveur des soldats hors d'état de gagner les ambulances éloignées.

M. le Maire objecte que la maison est occupée par un poste de la garde nationale ainsi que par un bureau de police ; que, sous peu, elle recevra les mobiles de l'Ardèche ; que, en outre, sa situation au milieu de la ville la rend peu hygiénique, tandis que des installations faites sur la colline répondent infiniment mieux aux exigences de la salubrité publique. Bref, il refuse la maison demandée ; mais, pour donner à la Société une preuve de son bon vouloir, il propose à la Commission de lui trouver des ambulances.

A cet effet, M. le Maire choisit un capitaine d'état-major de la garde nationale, le charge de voir combien on pourrait installer de lits nouveaux dans le haut quartier de la ville ; puis, sur le rapport du capitaine, nous annonce avec empressement qu'il a 1.500 lits à nous offrir.

La Commission se présente de rechef à M. le Maire ; le remercie de l'intérêt qu'il porte à nos malades ; le complimente de la célérité mise à exécuter un projet important ; lui demande enfin, une fois les premières paroles de politesse échangées, si la literie est installée, le mobilier complet et le personnel prêt à entrer en fonctions. M. le Maire manifeste un grand étonnement. La Commission, de son côté, ne peut dissimuler sa surprise en face de l'étonnement du Magistrat municipal. Alors on s'enquiert de ce que renferme de sérieux le rapport et l'on découvre, non sans déception de part et d'autre, que tout s'est réduit à une visite superficielle de quelques maisons, à une appréciation plus superficielle encore de la capacité des locaux et à la signature de billets de réquisition, à bref délai, représentant un total de 1500 lits.

Voilà comment la Municipalité nous a aidés dans notre œuvre, après nous avoir refusé la maison des Jésuites et arraché violemment les Minîmes.

X

Messieurs, ce rapport, trop long peut-être, serait à peine ébauché si je devais vous représenter, seulement à grands traits, tous les actes de dévouement, de charité véritable dont les ambulances ont été le théâtre ; actes d'autant plus méritoires qu'ils ont été accomplis modestement dans l'ombre, sans aucune arrière-pensée de satisfaction personnelle.

Les congrégations religieuses ont rivalisé de zèle, d'abnégation, pour procurer du soulagement aux soldats. Sacrifices matériels, soins assidus, empressement affectueux, consolations morales : rien n'a été épargné ; si grande que fût la tâche, on peut dire qu'elle a été dignement remplie.

Dans les ambulances séculières on ne pouvait voir sans admiration des dames quitter la vie paisible de salon, les habitudes de luxe pour descendre aux pénibles fonctions d'infirmières, sans être rebutées par les dégoûts inséparables de la maladie et des blessures. Bonté, douceur, affabilité, complaisance infatigable : tout semblait réuni en vue de rappeler la famille à ces jeunes gens arrachés brusquement au foyer ; en vue de leur faire oublier ce qu'ils avaient souffert des malheurs du temps. Non moins empressés se montraient les hommes dans la part qui leur était échue ; les uns, voués à la gestion administrative, en faisaient l'objet de leur sollicitude incessante ; les autres, dans le modeste emploi d'infirmier ou de veilleur, montraient un cœur riche de sentiments élevés. Partout, la charité développait ses ressources inépuisables ; partout elle multipliait ses moyens, les variait de mille manières dans l'application, avec un élan que rien ne saurait dépeindre. Aussi, quelle consolation n'était-ce point de voir ces jeunes soldats dociles, accessibles aux bons avis, se soumettre à une discipline dont la persuasion plus que les règlements imposait l'observance. Leurs forces revenaient ; leur moral se relevait ; ils paraissaient contents ; se louaient du bien qu'on leur faisait ; puis, quand venait le moment du départ, ils exprimaient leur reconnaissance avec l'accent de la vérité.

A part les *Garibaldiens*, dont le caractère turbulent ne s'est pas démenti dans les ambulances, nous n'avons à noter qu'un acte grave d'indiscipline, avec cette circonstance atténuante que l'auteur, lui-même, en a fait justice en venant à résipiscence et que, dans la suite, il s'est montré aussi convenable qu'il avait été irrévérencieux.

Le séjour au milieu de malades sérieusement atteints, surtout dans une période épidémique de varioles graves, expose trop aux influences morbides pour qu'un nombreux personnel y échappe longtemps. Un directeur, un aumônier, des religieux, des élèves de l'Ecole vétérinaire, victimes de leur zèle, ont été pris de variole, après s'être exposés bravement au danger. Oui, bravement..! Car, si pour affronter la souffrance et la mort au milieu du fracas des batailles, il faut un courage élevé à une haute puissance, on peut dire, sans exagération, que pour se jeter froidement au milieu d'une épidémie meurtrière, il faut une grande énergie et une abnégation sans bornes.

Que tous ceux qui ont été nos collaborateurs, que ceux surtout qui ont souffert de leur zèle reçoivent l'expression de notre vive reconnaissance ; mieux que nous ne saurions le dire, nous apprécions leur conduite exemplaire ; mieux que tous les éloges, le souvenir du bien qu'ils ont fait marquera ce temps de labeurs et de souffrances comme une période méritoire de leur vie.

Un fait éminemment regrettable est à noter à l'Ecole vétérinaire. Une jeune fille de quinze ans est morte de la variole, après avoir reçu, peut-être, le *contagium* de son père, M. Roux, attaché à l'ambulance, et retenu, chaque jour, de longues heures au milieu des malades. Puissent nos cordiales sympathies et la peine que nous fit l'annonce d'un pareil malheur, apporter quelques soulagements au chagrin d'un homme de cœur, frappé dans ses affections les plus chères.

Une autre tombe a été creusée par le travail des ambulances : celle du docteur Peyraud. — Ancien médecin de l'Hôtel-Dieu, le docteur Peyraud avait renoncé depuis longtemps à la pratique médicale ; mais, ému des malheurs de la France et profondément touché des misères du soldat, il voulut sortir de la retraite. Sans consulter son âge déjà avancé, sans réfléchir aux exigences de sa santé chancelante, il se remit à l'œuvre et dirigea le service médical de l'ambulance de l'Archevêché. Là, comme autrefois dans les hôpitaux, il montra une intelligence élevée, riche de connaissances, un esprit sage et méthodique, un cœur d'une bonté inépuisable. Tous ceux qui l'ont connu diront avec moi que la bonté était empreinte sur son visage ; qu'elle se traduisait par ses paroles, et que tous ses actes portaient le cachet d'une extrême affabilité. Peyraud avait trop présumé de ses forces ; le travail, les rigueurs de la saison brisèrent sa constitution délicate ; il mourut, comme il avait vécu, en homme de bien, entouré de l'estime de tous, objet des regrets les plus sincères....

Je voudrais avoir qualité pour dire à MM. les Directeurs combien leur concours a été précieux à la marche de l'Œuvre. Leur tâche était lourde cependant, parsemée de difficultés incessantes. Organisation des salles, mouvement des malades, comptabilité, détails réglementaires : tout reposait sur eux et leur imposait un travail dont le mécanisme était encore à étudier. Que de fois leur patience a été mise à de rudes épreuves ; mais grâce à leur ferme volonté de réussir, les obstacles ont été surmontés, le succès a couronné leurs efforts, et le bien s'est fait dans une large mesure.

La Commission est unanime à reconnaître que ses relations avec MM. les Intendants ont été pleines d'aménité et de courtoisie ; qu'elle a trouvé, chez eux, toujours du bon vouloir en échange de ses intentions ; et que, en maintes circonstances, les prescriptions réglementaires ont été adoucies et mises, autant que possible, au niveau des exigences du moment.

Nous devons aussi constater que nous avons de grandes obligations à M. Olive, officier comptable de l'Hôpital militaire. Chaque jour, à toute heure, nous l'avons trouvé prêt à nous éclairer de ses conseils, à nous aider de ses moyens d'action ; son empressement à répondre à nos nombreuses demandes est resté inaltérable au milieu des fatigues et des préoccupations incessantes d'un travail écrasant.

La Commission se félicite de la mission de confiance qu'elle a reçue du *Comité Directeur* ; elle se souvient avec gratitude de l'appui bienveillant qui lui a été donné, soit pour chercher la solution d'une difficulté administrative, soit lorsqu'il s'est agi d'obtenir des fonds du *Comité répartiteur*, admirablement disposé d'ailleurs, à concourir au soulagement de toutes les infortunes engendrées par la guerre.

La Commission remercie M. le comte d'Espagny, Président du Comité lyonnais, de l'attention qu'il a prêtée aux ambulances sédentaires, du soin qu'il a pris de les soutenir, des visites qu'il y a faites ainsi que des paroles élogieuses qui ont rendu ses impressions.

Quant à moi, Messieurs, appelé par les circonstances à *présider la Commission des ambulances sédentaires*, je ne saurais assez dire combien j'ai été flatté de cet honneur. Je me suis trouvé réuni, avec bonheur, à des hommes intelligents, animés d'un véritable amour du pays ; à des hommes calmes et résignés au milieu des clameurs de la foule, attachés avec ardeur à un travail qui portait de bons fruits.

Si parfois, au sein d'une société tourmentée par les passions violentes, on se sent pris de découragement, on renaît bien vite à l'espérance en voyant les sentiments généreux que nourrissent les hommes d'ordre et de convictions.

Ces relations, établies pendant les malheurs de la patrie, laisseront entre nous, je l'espère, des liens d'amitié durables ; car, formés sous l'inspiration d'une idée généreuse, ils se sont resserrés par une estime réciproque.

Je n'oublierai, de ma vie, ces dix mois de collaboration ; je me rappellerai surtout le calme de nos séances, l'urbanité de nos discussions, la liberté laissée à chaque opinion de se produire, le désir sincère, de tous, de saisir la meilleure voie pour arriver au but.

Dans de pareilles conditions, la tâche présidentielle est facile à remplir ; mais, en retour, quelle dette de reconnaissance elle impose...!

Cette dette, Messieurs, je ne saurais l'alléger ; je l'accepte toute entière et j'aime à la sentir gravée profondément dans ma mémoire......

DESGRANGES.

10 novembre 1871.

COMPTE-RENDU

DES

TRAVAUX DE L'AMBULANCE DE PERRACHE

Présenté au Comité sectionnaire Lyonnais, au nom de la Direction

Par le Docteur FAVRE

———————•[••••••]•———————

Messieurs,

Le rapport sur l'Ambulance de Perrache vous est tardivement présenté par la raison simple que cette ambulance est à peine fermée de fait. Chaque jour nous avons eu l'occasion jusqu'au 25 octobre 1871 de donner des soins à des militaires blessés ou malades.

Ceux d'entre nous à qui il fut donné de prendre une part égale à l'action et au Conseil, vous ont fait connaître en temps opportun les nombreuses et importantes modifications apportées à nos services.

D'une installation primitivement très-restreinte vous aviez fait un établissement considérable dont les proportions se développaient avec une étonnante rapidité par l'activité féconde d'une très-habile direction. Aux ressources du Comité lyonnais sont venues s'ajouter celles que l'administration militaire nous a de bonne heure allouées.

Les secours en personnel et matériel fournis par l'intendance furent très-importants, mais sans contredit le plus grand service que cette administration ait pu rendre aux malades, à notre ambulance et à la ville, a consisté dans la création à la gare d'un bureau militaire qui devait expédier rapidement les formalités réglementaires.

Notre service médical ayant été dès le 15 janvier autorisé par M. le général commandant la division, à délivrer des congés de convalescence, nous avons pu rendre à leurs familles sans perte de temps près de 1,500 militaires.

Fonctionnant comme une sorte de bureau central, Perrache arrêtait au passage les militaires incapables de continuer leur route sans danger, et les envoyait dans les hôpitaux ou les ambulances (près de 1,000 dans les hôpitaux, 988 dans les ambulances). Ceux dont l'état de maladie ne présentait pas de gravité, étaient immédiatement dirigés sur les dépôts. Pendant ce temps l'épidémie variolique sévissait cruellement dans les hôpitaux et sur la population de notre ville. Il était d'une importance extrême, après que nos malades avaient été soignés et réconfortés, de les envoyer au plus vite sous un ciel plus clément; leur séjour prolongé parmi nous les aurait exposés grandement à devenir les victimes du fléau, et dans tous les cas ils auraient aggravé par leur présence le fâcheux état sanitaire dans lequel nous nous trouvions.

Nous étions à même de faire 500 pansements par jour, de donner de 2 à 3,000 repas à table, et nous avions 250 lits. Cet état de choses très-favorable aux malades qui trouvaient en sortant des voitures les soins les plus empressés, donnait à l'Administration militaire la possibilité de faire de grandes évacuations sur les hôpitaux du Midi.

L'Administration du chemin de fer malgré la gêne qu'elle éprouvait de notre présence avait mis à la disposition du Comité de vastes locaux ; elle n'a jamais cessé d'être favorable au fonctionnement de notre ambulance. Nous devons reconnaître ici le bon vouloir et la cordialité de ses agents qui, dans la mesure du possible, ont voulu contribuer à nos travaux en installant dans les meilleures conditions nos malades et blessés à leur départ.

§ I. — Locaux, Matériel de l'Ambulance.

Une salle de 5 mètres de côté, trois lits, des fauteuils-lits, quelques chaises, une table, une boîte de secours et les objets nécessaires aux pansements, telle fut la première organisation établie par M. le docteur Devilliers, médecin en chef de la Compagnie du chemin de fer.

Cette première fondation servit de base, puis-je dire ? à l'édifice rapidement construit, avec l'aide de l'Intendance militaire, par les éminents citoyens dont vous aviez bien voulu me faire le collaborateur.

MM. A. Desgeorge, J. Perret et P. Piaton, directeurs, ont présidé aux changements matériels ; nous devons toutefois dire que les baraquements ont été construits d'après les plans et sous la surveillance de MM. Fuzy et Maréchal, membres du Comité lyonnais. Ces baraquements ont été parfaitement appropriés à leur destination, et MM. Fuzy et Maréchal ont obtenu des entrepreneurs les meilleures conditions, M. Perret, ingénieur en chef, et Cottiau, inspecteur principal, qui représentaient la Compagnie du chemin de fer dans ses rapports avec le Comité, ont accordé toutes les améliorations compatibles avec les devoirs de leur charge.

Les visites fréquentes faites à Perrache par M. O. Galline, administrateur de la Compagnie du chemin de fer, ont sans doute aplani beaucoup de difficultés.

Après des transformations savamment et rapidement exécutées, nous avons pu disposer de 250 lits environ : 100 lits dans un local appartenant à la brasserie des chemins de fer ; 100 lits dans la salle de repos dite de l'Intendance, 39 dans deux salles ouvertes sur la voie, 5 dans l'ancien bureau de l'octroi.

Enfin les fauteuils-lits des salles de pansement étaient utilisés quand nos salles étaient remplies.

Les 39 lits des salles d'attente plus confortablement établis que ceux des autres dortoirs étaient réservés aux soldats les plus malades, les 5 lits de l'ancien bureau de l'octroi servaient aux militaires atteints de maladies contagieuses.

Trois salles étaient destinées aux pansements. Elles étaient largement pourvues du matériel nécessaire. Une de ces salles contenait une pharmacie donnée par M. Vial, pharmacien de la Compagnie, et de l'ambulance. Nous étions autorisé par M. le docteur Devilliers à fournir aux malades et blessés les médicaments indispensables. Cette libéralité de l'administration du chemin de fer représente une somme considérable.

Nous avons tiré un excellent parti des fauteuils-lits et des fauteuils-roulants que l'Administration du chemin de fer nous avait prêtés.

Deux cabinets étaient réservés, l'un à la comptabilité, l'autre au vestiaire.

Le vestiaire était occupé par les dames patronesses qui ont prêté à notre œuvre un si généreux et si utile concours.

A côté des salles de pansement se trouvaient dans un baraquement, la cuisine, le réfectoire et leurs dépendances. Une cour assez vaste pouvant servir de promenoir et communiquant avec le réfectoire donnait accès à des water-closets très-bien installés ; dans cette cour se trouvaient aussi un certain nombre de fontaines destinées aux ablutions des militaires.

Pour transporter nos malades nous avions plusieurs voitures fournies par l'Intendance ; des précautions minutieuses étaient recommandées vis-à-vis des soldats atteints de maladies contagieuses.

Les locaux et le matériel ont été régulièrement désinfectés soit avec la liqueur de Labarraque, soit avec l'eau phéniquée ; les fosses d'aisance avec le persulfate de fer et les urinoirs avec la chlorure de chaux.

§ II. — Personnel.

Dans les œuvres de secours, de charité, au milieu des plus grandes épreuves, les femmes apportent un élément de consolation, de gracieuse bienfaisance, qui ne sont pas dans les habitudes de notre sexe.

A peine l'ambulance était-elle ouverte que plusieurs dames de notre ville sont venues réclamer leur part de dévouement.

Surmontant les dégoûts inséparables des travaux d'un hôpital, bravant la contagion et s'exposant aux rigueurs d'un hiver exceptionnel, elles ont voulu se vouer de jour et de nuit à l'accomplissement d'une tache laborieuse toujours dominée par l'imprévu.

Elles ont été prodigues de consolations, elles ont voulu tenir auprès de nos malheureux blessés la place des sœurs de Saint-Vincent-de-Paul; elles ont distribué les objets d'habillement tout à fait *larga manu*.

Dames chargées de la lingerie.

Mesdames :

Aillaud, Du Bourg, De Cazenove, Chaurand, Desfut, D'Espagny, Du Fay, De Fructus, Galline, L. de Jover, M. de Jover, De Mercey, Morin-Pons, Pericaud, Picard, Du Roure, de Ruolz.

Ces dames ont accompli leur mission avec un dévouement égal, que nous ne pourrions assez louer, nous devons dire toutefois que Mesdames Aillaud, De Mercey, Morin-Pons, Du Roure, De Ruolz, ont le plus souvent assuré le service.

A côté de ces dames nous avons vu des hommes appartenant à toutes les classes de la société lyonnaise : ouvriers, commis, magistrats, avocats, banquiers, négociants, fonctionnaires, apporter leur

5

concours et ne pas craindre d'accomplir la tâche du plus humble serviteur des pauvres ! Spectacle bien consolant au milieu de nos désastres ! Qui pouvait dans ces temps de détresse nationale imposer des limites à son dévouement ? Tous ne cherchaient-ils pas à élever le sacrifice à la hauteur des malheurs de la patrie ?

Les sœurs de Saint-Charles ont reçu à Perrache les attributions des sœurs de Charité de nos hôpitaux ; leur zèle infatigable ne s'est pas démenti jusqu'à la fin ; nous devons rendre hommage à leur mérite.

L'ambulance fondée par les Suisses résidant à Lyon et dirigée par MM. Vernet et Mathieu, nous a envoyé deux infirmiers chaque nuit. Ces chers collaborateurs suivant les traditions de leurs respectables et généreux compariotes sont venus assidûment apporter les soins les plus dévoués à nos pauvres blessés ; ils ont encore resserré les liens qui les unissent à leur pays d'adoption.

Le service médical était confié à 11 docteurs en médecine entre lesquels les heures de jour et de nuit étaient distribuées de telle sorte que chacun d'eux avait à son tour temporairement la direction médicale de l'ambulance.

Médecins Majors de l'Ambulance.

MM.

BERGERON, médecin de l'administration du chemin de fer.

RIEUX, médecin de l'administration du chemin de fer, secrétaire de la Commission médicale ;

TALLON, médecin de l'administration du chemin de fer, adjoint à la direction médicale de l'ambulance ;

BOURLAND-LUSTERBOURG, secrétaire général de l'association des médecins du Rhône ;

RIVOIRE, médecin-major des sapeurs-pompiers ;

MM.

Philippe Faure, O. ✽, inspecteur adjoint des Eaux de Néris ;

Bianchi, chef de clinique médicale à l'Ecole de médecine ;

Marduel, chef de clinique d'accouchements à l'Ecole de médecine ;

Pernot, médecin-major de la 1re ambulance lyonnaise ;

Billoud-Monterrad, docteur en médecine.

MM. les docteurs Fochier, Picard et Pravaz attachés pendant quelques jours à l'ambulance de Perrache, n'ont pu consacrer que peu de temps à cette œuvre.

17 aides-majors ou sous aides-majors, internes des hôpitaux, élèves des écoles de Lyon et de Strasbourg ont fait le service de jour et de nuit ; d'autres ont demandé leur inscription, mais rappelés à l'armée active ou réclamés par les hôpitaux ils ne sont demeurés que peu de temps au service de Perrache.

Aides-Majors.

MM.

Brun, Grad, Jubin, Roussel, Brun-Baty, Knoll, Reynaud, Barbarin, Biot, De Wezyg, Fea, Ravet, Ponsot, Weill, Guyot, Chevalier, Lafaye.

Un pharmacien-major et un aide-major ont assuré la conservation et la préparation des médicaments.

Pharmacien-major : M. Vial, pharmacien de la Compagnie.

Aide-major : M. Bontemps.

17 infirmiers civils ont pris une part active à notre œuvre. L'un d'entre eux M. Eugène Passot, avocat à la cour d'appel, fils

de notre très-honorable confrère M. le docteur Passot, a rempli les difficiles fonctions de secrétaire de l'ambulance ; il a consigné jour par jour avec la plus grande exactitude le résumé de notre travail quotidien. Les feuilles qu'il nous a remises réunies en deux volumes constituent la véridique histoire de notre ambulance ; nous trouverons dans ce recueil des documents statistiques dont la valeur ne pourra pas être contestée.

Infirmiers civils.

MM.

E. Passot, avocat, secrétaire de l'ambulance ; J. Baudesson de Richebourg, magistrat ; Mariller, Durand (Louis), Moreau, Camel, Gourd (Joannès), Bert, Blath, De Bury, Bayle, De Mercey, Stern, Chatelan, Tisseur, Allard, Dommartin, Réné Mas.

M. Genin, intendant militaire, chargé du service des hôpitaux a toujours été favorablement disposé envers nous.

J'ai indiqué les services rendus par le bureau militaire à la tête duquel étaient placés deux sous-intendants auxiliaires. M. l'intendant Genin, avait mis à notre disposition des infirmiers dont le nombre a varié de 24 à 5 suivant les besoins. Ces infirmiers appartenaient à la section commandée par M. Olive, officier comptable principal à qui nous devons aussi un tribut de gratitude pour la bienveillance qu'il a mise dans les fréquents rapports que nous avons eus avec lui.

M. Dussourt, médecin principal de 1re classe, en chef, à l'hôpital militaire, et MM. les médecins traitants, dont plusieurs des membres de l'ambulance ont eu l'honneur d'être les collègues pendant la guerre, ne nous ont pas ménagé les conseils d'une expérience consommée. Aux mois d'avril, mai et juin. MM. les docteurs Jaux,

médecin-major de 1ʳᵉ classe, Balley et Sommeiller, médecin-majors
de 2ᵉ classe, ont représenté à Perrache le service de santé militaire ;
nous avons eu avec ces confrères les meilleurs rapports.

§ III. — Mouvement de l'Ambulance.

C'est vers la fin du mois d'août que les premiers convois de
malades et blessés furent annoncés ; je me bornerai à dire au sujet
de ces malades qu'ils ne méritaient pas tout l'intérêt dont ils furent
en plusieurs occasions l'objet de la part de la population lyonnaise.

Dès cette époque cependant nous fûmes appelés auprès d'un
certain nombre de blessés, voyageant isolément pour se rendre
dans leur famille. Quelques trains de malades et de convalescents
réclamèrent aussi nos soins. Au mois d'octobre seulement un service
régulier fut assuré, il devint permanent au mois de novembre.

Je voudrais pouvoir tracer en quelques lignes la physionomie de
notre établissement aux jours de grande activité ; mais pourrai-je y
parvenir ? La plupart d'entre vous, Messieurs, ayant fait de nombreuses visites à Perrache, les descriptions que je pourrai donner
ne présenteront que peu d'intérêt.

Le télégraphe nous prévenait des arrivées des trains. Malgré le
bon vouloir des employés des lignes télégraphiques et des agents
du chemin de fer, ces avertissements manquaient souvent d'exactitude ; les retards des trains étaient fréquents, soit à cause des
nécessités de la guerre, soit par le fait de l'accumulation des neiges
sur la voie ferrée ; souvent des trains contenant des malades ou
des blessés arrivaient sans être annoncés. A l'arrivée du train, par
les soins de nos infirmiers et des infirmiers militaires, nos clients
étaient dirigés vers la salle du triage. Cette salle qui s'ouvrait sur
le quai d'arrivée avait été établie d'après les indications de M. le
professeur Michel, de Strasbourg, inspecteur de la 4ᵉ ligne d'évacuation. Je me borne à mentionner la salle de triage, M. le Secré-

taire-général du Comité ayant eu le soin de faire ressortir les avantages de la disposition des locaux à cet égard, soit à Perrache, soit à la gare des Brotteaux.

A l'extrémité de la salle de triage se trouvait le cabinet où le médecin-major de service prononçait les diverses destinations ; les malades recevaient des billets qui permettaient de faire un premier classement.

Tous se rendaient au réfectoire où 200 militaires pouvaient trouver place en même temps. Du réfectoire ils étaient conduits aux salles de pansements, des salles de pansements dans les dortoirs.

Cet ordre était naturellement interverti quand l'état des malades nécessitait des soins médicaux immédiats ; je dois ajouter qu'un grand nombre de pansements étaient faits dans les dortoirs même.

Du 25 janvier au 30 mars, la visite des salles a été confiée à M. le docteur Philippe Faure, médecin-major de l'Ambulance qui, assisté de MM. Brun et Grad, aides-majors, a assuré cette partie importante du service pendant les mois les plus chargés.

Qui servait ces 200 militaires attablés? Tous les membres de l'Ambulance ont mis tour à tour la main à l'œuvre. Le tablier à la croix rouge n'était pas un vêtement de parade, il était bien réellement le signe d'un service effectif.

Les repas étaient composés habituellement d'une soupe de bouillon gras, de pain à discrétion, d'un morceau de bœuf, d'un plat maigre, d'un morceau de fromage et de deux verrées de vin.

Des aliments légers étaient offerts aux plus malades à qui le vin de Bordeaux et le vin vieux étaient aussi réservés.

Ceux qui pouvaient fumer recevaient du tabac ou des cigares.

La distribution des médicaments se faisait d'une manière régulière et conformément aux prescriptions médicales inscrites sur un registre particulier.

Quand nous avons été surpris par l'arrivée inattendue d'un grand nombre de malades, M. Guy, propriétaire du buffet, toujours prêt à nous venir en aide, mettait à notre disposition les ressources de son établissement.

Nous devons rappeler ici que M. Guy a reçu les remercîments de M. le comte d'Espagny, président du Comité lyonnais et de tous ceux qui ont pu apprécier les services qu'il a rendus à l'Ambulance de Perrache.

Des trains d'évacuation destinés aux hôpitaux du Midi, faisant à Perrache un court stationnement, n'ont pas toujours pu recevoir de nous tous les secours que nous aurions bien voulu leur donner, mais il n'était pas à notre disposition de modifier leur itinéraire, des médecins étaient d'ailleurs attachés aux convois.

L'ambulance de Perrache a été surtout destinée aux pansements. Après Nuits, Villersexel et la déroute de l'armée de l'Est, nous avons vu arriver un grand nombre de plaies récentes. C'est alors seulement que nous avons eu un certain nombre d'opérations à faire.

16,226 pansements ont été faits, du mois d'août 1870 au 1er octobre 1871, à des blessés ou à des malades.

Ils sont ainsi répartis sur les différents mois :

Août, septembre, octobre, novembre 1870. .	300
Décembre 1870	954
Janvier 1871	3244
Février —	2432
Mars —	2706
Avril —	1363
Mai —	1504
Juin —	1704
Juillet —	1315
Août —	448
Septembre —	256

Nos aides ont assuré que dans les jours de grande presse, aux mois de janvier, février, mars et avril, un cinquième environ des blessés n'auraient pas été inscrits sur les registres ; nous pouvons établir d'autre part, en consultant ces mêmes registres et les rapports de M. Passot, qu'un dixième environ de nos blessés ont été pansés plusieurs fois ; le chiffre de 16,226, inférieur au nombre réel des pansements, représente d'une manière approximative le nombre des soldats pansés. Nous aurons d'ailleurs l'occasion de revenir sur les chiffres que nous présentons aujourd'hui.

Dans ce nombre nous avons compté :

1632 plaies par éclats d'obus.
5704 plaies produites par des balles de fusil ou de revolver.
89 plaies par arme blanche.
2632 congélations.
72 brûlures.
804 amputations diverses.
15 résections.
271 fractures.
221 entorses.
1122 ulcères, excoriations, œdèmes des pieds et des jambes.
617 abcès, furoncles, panaris.

Il nous sera possible un jour de donner avec plus de précision une classification plus détaillée. Nous appelons l'attention sur la proportion considérable des plaies par éclat d'obus et des gelures et sur la petite quantité des plaies par arme blanche.

140,700 repas à table ou au lit des malades ont été donnés, 15,000 soldats environ ont reçu des aliments dans les voitures, sur les quais ou dans les salles d'attente. Dans ce nombre de 155,700 sont compris 75 à 76,000 prisonniers de guerre qui, aux mois de mai, juin et juillet ont été admis au réfectoire.

40 à 45,000 soldats atteints de maladies internes ou convalescents ont traversé nos salles ; nos portes ont été aussi ouvertes à un certain nombre de militaires valides et de traînards.

15,892 malades ou blessés ont passé une nuit dans les dortoirs. De ce nombre il convient de retrancher un dixième pour avoir le chiffre approximatif des personnes logées ; souvent des militaires destinés à faire un long trajet obtenaient de se reposer plusieurs jours dans nos salles.

Les malades et blessés de l'armée ennemie ont reçu de notre personnel les mêmes soins que les français.

Les pansements ont été faits avec beaucoup de soin, nous avons eu à faire le plus souvent à des plaies en voie de guérison, le mode de pansement a dû être cependant très-varié, et il a été tenu compte dans ces opérations de petite chirurgie de l'état particulier des malades, de l'aspect des plaies et des circonstances qui pouvaient présenter une indication spéciale. Sans entrer à ce sujet dans les détails auxquels cette note ne peut donner place, je dirai que les lotions phéniquées, chlorurées, le pansement alcoolique, camphré, laudanisé, balsamique, au perchlorure de fer, au jus de citron ont été employés suivant les cas. Je dois une mention particulière au vin aromatique glycériné de M. Ferrand, ancien président de la Société de pharmacie.

Le pansement fait avec ce liquide nous a semblé préférable, parce qu'il se dessèche bien moins vite que celui que l'on fait avec le vin aromatique ordinaire ; les pièces de pansement moins adhérentes sont plus facilement remplacées au grand avantage du travail de cicatrisation.

C'est le soir et la nuit que nous arrivaient le plus grand nombre de blessés, ils étaient reçus par l'un de nos collègues qui présidait aux soins médicaux et chirurgicaux, se concertait avec la direction pour la désignation des salles affectées à chacun. Très souvent des personnes de notre ville venaient chercher des blessés afin de les traiter dans leur famille où ces militaires étaient l'objet des plus grands égards. Le nombre des soldats traités ou logés chez les particuliers est de 4 à 500.

Les médecins et chirurgiens des hôpitaux opèrent, soignent leurs malades en présence de leurs collègues, de leurs aides et élèves, du personnel du service seulement. Le médecin de famille ne fait jamais sa visite en présence des personnes étrangères à la famille ; telles sont les habitudes établies dans l'intérêt des malades et de la pratique médicale.

Nous avons eu la main forcée à Perrache, et souvent les visiteurs s'introduisaient dans nos salles de pansement en assez grand nombre pour gêner le service. Aussi, nos aides à plusieurs reprises nous firent part des ennuis que cet état de choses leur occasionnait. Tout-à-fait de leur avis au fond, mais devant tenir compte d'autres intérêts, nous leur fimes observer que la curiosité n'était pas le seul mobile des personnes amenées à la gare par le passage des blessés, que nous ne devions pas sembler méconnaître les sentiments généreux de cette assistance émue ; et d'ailleurs, ces visites étant l'occasion de dons importants, elles étaient à ce point de vue profitables à nos malades. Nos jeunes collaborateurs se laissèrent convaincre, et je ne saurais trop les remercier d'avoir bien voulu accomplir leur tâche malgré les conditions inusitées dont je ne saurais trop faire ressortir les inconvénients. Je ne veux pas dire que les personnes étrangères à la médecine doivent être absolument tenues éloignées des salles de pansement ; je commettrais une grave injustice, si je ne reconnaissais pas que plusieurs de nos infirmiers volontaires avaient acquis une telle habitude des soins à donner aux blessés qu'ils pouvaient dans certains cas suppléer nos aides. Je ne puis oublier que le matin au moment où le service des hôpitaux nous privait de la plupart de nos internes, un des membres du Comité lyonnais, pourquoi ne nommerais-je pas M. Raoul de Cazenove ? venait avec une exactitude ponctuelle faire des pansements et les appliquait avec une grande habileté.

Le dimanche nos locaux étaient tout-à-fait ouverts au public ; plusieurs milliers de personnes les traversaient. L'obole de la pauvre femme venait accroître nos ressources et les menus objets d'habillement remplissaient les armoires dont nous n'avons jamais pu voir le fond.

N'oublions pas de vous parler de ces chers enfants qui, demain, auront à soutenir la réputation de charité et de patriotisme dès longtemps acquise à notre ville, et remercions ceux qui, en grand nombre sont venus nous apporter l'argent primitivement destiné à leurs plaisirs.

Le 22 décembre, la direction de l'Ambulance établit un bureau de correspondance et de renseignements. Cette très-heureuse innovation était destinée à faire connaître aux parents l'état de leurs enfants et leur destination, à donner par des lettres ou des communications aux journaux les nouvelles favorables qui nous parvenaient.

Nous ne saurions trop insister sur les bienfaits produits par cette excellente idée qui fut mise en pratique aussitôt qu'elle fut conçue.

———

Avons-nous accompli avec succès, Messieurs, la mission dont vous nous aviez chargés ?

La plupart des autorités militaires, administratives ou médicales qui pouvaient exercer un contrôle sur nos actes, ne nous ont pas laissé ignorer qu'elles reconnaissaient l'efficacité de nos efforts ; nous avons eu le plaisir de voir M. Marmy, médecin principal de 1re classe, inspecteur des Ambulances Lyonnaises, dont les visites nous ont toujours été profitables, rendre un témoignage favorable à notre bonne volonté.

Les autorités de l'Intendance et de la Compagnie du Chemin de fer s'occupèrent, et à notre grand avantage, de nos affaires ; cependant l'Ambulance de Perrache empruntait principalement son caractère à l'initiative des particuliers désireux de payer un tribut aussi large que possible au soulagement de ceux qui avaient combattu pour la patrie. Les ressources que nous avions nous étaient allouées par le Comité lyonnais ; elles étaient accrues sans cesse par les dons qui nous arrivaient de la ville et de ses environs. Il nous fut permis de ne pas imposer de limites à nos dépenses.

Si la discipline de l'état militaire ou d'une administration de chemin de fer ne pouvait pas être invoquée par nous, une noble émulation en tenait lieu, et nous avons pu, après avoir constitué des cadres, fonctionner en toute occasion d'une manière convenable.

Les chiffres relevés plus haut permettent d'apprécier les difficultés que l'administration de notre ambulance a dû surmonter pour mener son œuvre à bonne fin.

L'intérêt des malades et blessés avait appelé la sollicitude du Comité lyonnais à la gare de Perrache. Ce Comité a dû en mettant au-dessus de toutes les considérations l'intérêt des malades et blessés, tenir compte cependant autant que possible des convenances de la Compagnie du Chemin de fer. Lorsque, ce qui est arrivé souvent, il se présentait en même temps une affluence de militaires et de voyageurs, l'accord entre les parties intéressées était indispensable. Il n'est pas hors de propos de dire que ce bon accord n'a jamais cessé d'exister, grâce au bon vouloir de tous.

Il est possible que si des baraquements plus vastes ou plus nombreux avaient été plus tôt établis, notre présence eut causé moins d'embarras à l'administration du Chemin de fer ; mais il est bon de rappeler que notre ambulance ayant accepté toutes les éventualités et devant faire face à toutes les obligations prévues ou imprévues, les modifications nécessitées par cet état de choses avaient toujours un caractère d'urgence et devaient être accomplies à la hâte.

Nous sera-t-il permis de croire que l'Ambulance de Perrache fournira une page intéressante à l'histoire de la Société de la Croix-Rouge?

Lyon, le 14 octobre 1871.

Pour la Direction ,

Dʳ A. FAVRE.

AMBULANCE DE LA GARE DE PERRACHE

ACTIF

PROVENANCE DES SOMMES REÇUES A L'AMBULANCE	SOMMES	
Reçu du Comité directeur.	26.225	45
Dons des particuliers.	15.034	55
Produit des quêtes.	15.294	15
Produit des loteries organisées par les Dames de l'Ambulance.	1.139	50
Produit d'une vente faite par Mᵐᵉ Morin-Pons.	400	»
TOTAL. .	58.093	65

ACTIF . 58.093 65
PASSIF . 58.052 30

Différence 41 35 versée à la caisse du Comité.

PASSIF

NATURE DES FOURNITURES	QUANTITÉS	SOMMES	
Vin.	11.235 litres	3.375	60
Pain.	27.962 k.	11.922	»
Viande.	8.360 k. 570 g.	9.614	44
Charcuterie.	2.860 k. 700 g.	7.917	65
Fromage.	500 k.	2.553	55
Eclairage au gaz de la salle de la brasserie.		272	75
Achat de sabots, chaussons et chaussures.		1.239	15
Frais de bureaux, d'installations.... 2.150 » Achat et location de mobilier, lits, matelas, etc.... 3.700 » Charbon, chauffage et éclairage .... 1.697 » Vêtements, béquilles, etc.... 1.480 » Médicaments.... 1.570 » Locations de voitures pour transport des blessés et autres frais.... 1.330 » Logement, nourriture des blessés dans les hôtels ou buffet.... 5.350 » Frais de personnel, indemnités.... 2.130 16 Blanchissage, menus frais.... 860 » Secours de route à des blessés, frais de déplacement des convoyeurs... 690 »		21.157	16
TOTAL. .		58.052	30

ÉTAT DES DONS EN NATURE

(PARTICULIERS ET COMITÉ)

Reçus à l'Ambulance de la gare Perrache

QUANTITÈS	NATURE DES OBJETS	SOMMES	
	Liquides		
21.420	Litres vin ordinaire à 0 50.	107.10	»
425	Litres vin fin à 2 »	850	»
200	Litres liqueurs à 3 »	600	»
	Vêtements, Linges		
220	Draps à 12 » la paire	1.320	»
1.995	Chemises à 2 50	3.987	»
947	Caleçons à 3 50	3.324	50
721 Tricots 493 Flanelles } 1,314	à 5 »	6.570	»
4.336	Paires de chaussettes 1 »	4.336	»
537	— chaussons à 1 50	805	50
353	Bonnets à » 60	211	80
265	Pantalons à 10 »	2.650	»
126	Gilets à 6 »	756	»
72	Paletots à 20 »	1.440	»
428	Ceintures à » 50	214	»
425	Cache-nez à 1 50	637	50
216	Serviettes à 1 »	216	»
115	Couvertures à 7 »	805	»
1.466	Mouchoirs à » 40	586	40
540	Paires de souliers à 10 »	5.400	»
118	Paires de gants à 1 »	118	»
50	Charpie à 3 50	175	»
140	Linge à pansements à 3 50	490	»
300	Paires de sabots à 1 50	450	»
	TOTAL	46.672	70

PERSONNEL DE L'AMBULANCE DE PERRACHE.

Direction Administrative.

Directeurs :

MM.

A. Desgeorge, négociant,

J. Perret, négociant,

P. Piaton, administrateur des hospices.

Adjoints à la direction :

Fayard, ⁂, conseiller à la Cour d'appel,

L. Juster, propriétaire,

Du Roure, vérificateur de l'Enregistrement et des domaines.

De Saint-Charles, conseiller de Préfecture,

G. Saint-Olive, administrateur des hospices.

Service médical.

MM. les Docteurs :

A. Favre, médecin en chef de l'Ambulance,

Y. Bergeron, médecin de l'administration du chemin de fer,

L. Rieux, médecin de l'administration du chemin de fer, secrétaire de la Commission médicale,

MM. les Docteurs :

P. M. TALLON, médecin de l'administration du chemin de fer, adjoint à la direction médicale de l'ambulance,

BOURLAND - LUSTERBOURG, secrétaire général de l'Association des médecins du Rhône,

RIVOIRE, chirurgien-major des sapeurs-pompiers,

Ph. FAURE, O. ✻, inspecteur-adjoint des Eaux de Néris,

BIANCHI, chef de clinique médicale à l'Ecole de médecine,

MARDUEL, chef de clinique d'accouchements à l'Ecole de médecine,

BILLOUD-MONTERRAD,

PERNOT, chirurgien-major à la 1re ambulance lyonnaise.

Aides et Sous-Aides-Majors.

MM.

B. BRUN, X. Grad, L. Jubin, Roussel, Brun-Baty, Kuoll, Raynaud, Barbarin, Biot, de Wezyg, Fea, Ravet, Ponsot, Weill, Guyot, Chevalier, Lafaye.

Pharmacien-Major.

M. VIAL, pharmacien de la compagnie du chemin de fer.

Pharmacien Aide-Major.

M. Bontemps.

Infirmiers civils.

MM.

E. Passot, avocat, secrétaire de l'ambulance ; F. Baudesson de Riche-bourg, magistrat ; Marillier, Louis Durand, Moreau, Camel, Joannès Gourd, De Bury, Bert, Blath, Bayle, De Mercey, Stern, Chatelau, Robert, Tisseur, Allard, Dommartin, Réné Mas.

Dames chargées de la lingerie.

Mesdames,

Aillaud, Du Bourg, De Cazenove, Chaurand, Desfuts, d'Espagny, Du Fay, De Fructus, Galline, L. de Jover, M. de Jover, De Mercey, Morin-Pons, Péricaud, Picard, Du Roure, De Ruolz.

Sœur Madeleine, supérieure des Sœurs St-Charles.
Sœur Sainte-Pélagie.

---

24 infirmiers militaires commandés par un sergent.

AMBULANCES VOLANTES ET SÉDENTAIRES

DE LYON
PENDANT LA GUERRE DE 1870-1871

RAPPORT

LU

A LA COMMISSION MÉDICALE

ET AU COMITÉ DIRECTEUR

Par le Docteur Léon RIEUX

Messieurs,

On a dit que les grands désastres appelaient les grands dévouements. Rien ne vient mieux confirmer la vérité de cette allégation que la noble et généreuse conduite du corps médical lyonnais au milieu des sinistres événements qui ont accablé notre malheureuse patrie. Si le militarisme prussien a pu, grâce à de puissants engins de guerre, triompher de nos soldats démoralisés, il a servi, par contre, à faire ressortir le crédit de la France, ses ressources, sa générosité ainsi qu'une vitalité qui fait espérer sa prochaine rénovation.

Dès le début des hostilités, la Société de secours aux blessés militaires de terre et de mer, fidèle aux statuts de la Convention de Genève, s'est mise en état de pourvoir à toutes les éventualités.

Une Commission composée des notabilités médicales de la ville se chargea spontanément, sous les auspices de M. le comte d'Espagny, de tout ce qui concernait le service médico-chirurgical non-seulement à Lyon, mais encore au dehors, sur les champs de bataille surtout où l'intervention médicale devenait une des premières nécessités militaires.

Elle était ainsi constituée :

MM. les Docteurs :

OLLIER . . . . . *Président.*
GAYET . . . . ⎫
ROLLET . . . . ⎬ *Vice-Présidents.*
RAMBAUD . . . . ⎭
Léon RIEUX . . . *Secrétaire-général.*

ARTHAUD, BERNE, BOUCHACOURT, BONDET, BELOT, BOURLAND-LUSTERBOURG, BRON, CHATIN, CHAMBARD, CHASSAGNY, CHAUVEAU, CHRISTOT, CROLAS, DELORE, DESGRANGES, DIDAY, DRON, DUSSOURT, DUVIARD, FOLTZ, FONTERET, FAURE, GLÉNARD, GROMIER, GUYENOT, ICARD, LACOUR, LAGUAITE, LAROYENNE, MARMY, P. MEYNET, L. MEYNET, PASSOT, PÉTREQUIN, PERROUD, POMIÈS, RIVAUD-LANDRAU, RODET, SOULIER, TEISSIER, VALETTE, VERNAY.

Elle s'est empressée de voter de sincères remercîments à M. le comte de Flavigny, M. Vernes d'Arlandes, MM. Arlès-Dufour (1) et Léonce de Cazenove, M. le docteur Marmy, M. le président comte d'Espagny, dont les sages conseils ont toujours soutenu une initiative digne, du reste, du plus grand intérêt puisqu'elle relevait tout entière de la science, du courage et de l'humanité.

Rapporteur de vos travaux et de vos actes, vous m'avez légué, Messieurs, une responsabilité difficile, et surtout une grande tâche,

(1) Depuis la lecture de ce rapport, M. Arlès-Dufour a été enlevé à l'estime et à l'affection de nombreux amis qui garderont longtemps le souvenir de son grand cœur.

mais, je suis heureux de le dire, vous avez pris soin de la rendre douce et facile par de nombreux et importants services que le devoir m'impose de mettre en relief avec justice et impartialité, et dont la famille médicale se glorifierait à coup sûr si la patrie n'était en deuil.

La première pensée du Comité de Lyon devait être pour les familles nécessiteuses de ceux qui allaient verser leur sang pour la défense du pays. Par cette touchante sollicitude on tempérait les regrets d'une séparation obligatoire, et on laissait au cœur des chers exilés l'espoir d'une main tutélaire pour l'avenir de parents âgés ou infirmes laissés au foyer.

Afin de n'oublier personne, et pour faciliter aussi le travail de répartition, la ville fut divisée en dix circonscriptions, ayant chacune un président, chez lequel sont venus s'inscrire, pour faire gratuitement ce nouveau service de bienfaisance, 125 docteurs dont les noms suivent :

MM. Bergeron, Boucaud, Bouchacourt, Chambard, Debauge, Coutagne, Passot, Delore, Favre, Horand (père), Keisser, Marduel, Aubert, Perrin, Philipeaux, Rieux (Léon), Rivaud-Landrau, Socquet, Teissier, Vacher, Viennois, Fontan, Serullaz, Conche, Pernot, Basset, Bonnaric, Bonnet, Bossu, Bron, Carrier, Bachelet, Chiara, Christôt, Cognard, Desprez, Diday, Dime, Dron, Desgranges, Dulin, Foltz, Gailleton, Garin, Gayet, Giraud, Girin, Horand fils, Icard, Laroyenne, Létiévant, Levrat, P. Meynet, Soulier, Ollier, Pétrequin, Rambaud, Sibert, Tallon, Tripier, Valette, Vernay, Mayet, Berchoud, Bouchet, Bourland, Chapot, Chassagny, Clermont, Faivre, Frène, Lacour, Magaud, Magnin, Manigand, Morel, Schaack, Ygonin, Bondet, Kastus, Gay, Gignoux, Lacuire, L. Meynet, Chavanne, Perroud, Poullet, Ravinet, Poncet, Chatin, Gignoux, Brochard, Boussuge, Pioch, J. Binet, Binet (Joanny), Chabalier, Jutet, Pupier, Crolas, Guichon, Vuilliat, Lavirotte, Gubian, Boissière, Brévard, Burdiat, Lelarge, Mouraud, Perrin,

Crestin, Drivon fils, Garnier, Rivoire, Saint-Lager, Subit, Guillot, Chadebec, Bouchet, Chappet, Hénon, Lortet, Rodet neveu, Neyret, Grand-Clément.

Etaient présidents de quartier : MM. Berne, Rollet, Pomiès, Gignoux, Duviard, Arthaud, Fonteret, Laguaite, Drivon et Rodet.

Par suite du précieux concours de la Commission des Dames, une somme de 137,691 fr. 90 c. a pu être distribuée jusqu'au 31 janvier 1871 aux familles pauvres éprouvées par la guerre. Sur ce total le compte médical ne figure que pour une faible note de pharmacie de 1,536 fr. 55 c. justifiée par 559 ordonnances, — le peu d'élévation de cette dépense s'explique facilement par la grande réduction de tarif accordée spontanément par la pharmacie de l'Hôtel-Dieu et MM. les fournisseurs de la ville, ainsi que par le nombre considérable de familles qui ont été, avec raison, renvoyées aux diverses autres sociétés de secours mutuels ou dispensaire général auxquelles elles appartenaient déjà ; puis enfin, dans ces moments de commotion sociale, c'étaient les bras vigoureux du travailleur bien plus que la santé, qui faisaient défaut à ces déshérités de la fortune.

L'administration des bureaux de bienfaisance représentée du 1er janvier au 1er août de cette année par des délégués de la garde nationale a distribué dans ce laps de temps à 35,214 indigents de la ville la somme énorme de 630,000 francs. La Société d'assistance mutuelle lyonnaise est aussi venu aider, sous la forme délicate de prêts remboursables à volonté, les ouvriers et les petits commerçants gênés et les a fait bénéficier d'un total de 240,000 francs environ ; enfin, notre Comité répartiteur de la société de secours aux blessés militaires alloua plus tard une somme de 120,000 fr. pour achat de denrées alimentaires à distribuer en prévision du siége aux familles pauvres dont les soutiens étaient à l'armée. Vous voyez, Messieurs, par le simple exposé de ces chiffres, que si la situation politique a créé de grandes misères, les secours publics et privés ont été multipliés en conséquence.

Après le légitime tribut d'intérêt payé aux victimes indirectes de la guerre, il fallut s'occuper du soldat devant l'ennemi. Il était de toute justice de le suivre sur les champs de bataille, de panser ses blessures, de le transporter dans les ambulances provisoires ou fixes, pour lui prodiguer des soins, ou lui faire les opérations jugées indispensables. Tel a été le but des ambulances volantes dont la création à Lyon a été votée par le Comité directeur sur la proposition de M. le docteur Ollier, président de la Commission médicale. L'habile chirurgien de l'Hôtel Dieu a exposé pendant de longues séances et soumis à la discussion un plan d'organisation qui obtint l'assentiment général, et lui valut, de la part du Comité directeur, le titre de chirurgien en chef de la 1re ambulance lyonnaise.

La composition d'une ambulance volante n'est pas des plus faciles. Elle exige beaucoup de tact et de circonspection. Le personnel éclairé, c'est-à-dire les directeurs, les chirurgiens, les aides et les sous-aides se présentaient en grand nombre. — Tous étaient animés des mêmes sentiments du devoir, et il fallait choisir sans blesser les susceptibles. Le service des infirmiers présentait aussi des obstacles réels dans son institution, — il ne suffit pas en effet pour remplir convenablement ces fonctions d'avoir, en dehors des connaissances spéciales, de l'intelligence et du dévouement, il faut encore pouvoir surmonter le dégoût que provoquent très-souvent des pansements rebutants, — la santé et l'énergie qui se jouent des fatigues et poussent au courage devaient aussi entrer en ligne de compte, et il importait cependant de tenir à l'écart les candidats trop jeunes, certains fils de famille ou de hauts fonctionnaires qui sous un semblant de patriotisme cherchaient à éluder le décret du Gouvernement de la Défense nationale, et pensaient que l'habit de l'infirmier les exposerait moins aux balles de l'ennemi.

Il y avait aussi à créer un matériel chirurgical et un matériel pharmaceutique aussi complets que pouvaient l'exiger d'impérieuses situations, et de plus un matériel roulant pour les transporter. Les détails les plus minimes avaient leur importance. Le costume même a du être étudié au point de vue de la prompte reconnaissance des ambulanciers par les troupes ennemies. A la question des soins éventuels, médicaux ou chirurgicaux, venaient s'ajouter encore les considérations physiologiques relatives à la qualité et la quantité de l'alimentation, car le chirurgien en chef ne pensait pas alors aliéner sa liberté d'action, et il comptait se porter là où il aurait jugé sa présence nécessaire. Il n'avait pas encore eu connaissance de la lettre du général Le Flô, ministre de la guerre, adressée au docteur Ricord, président du Comité des ambulances de la presse, dans laquelle il était déclaré que les ambulances volantes seraient accueillies comme annexes des services militaires, décision bien comprise qui enlevait aux ambulances pour les laisser à l'Intendance militaire le soin et la responsabilité des vivres en campagne.

La liste de la 1re ambulance a été ainsi composée :

a. — SERVICE MÉDICAL.

Chirurgien en chef. . . . . M. le docteur Ollier.

Chirurgien en chef adjoint . M. Laroyenne.

Chirurgiens et médecins :

MM. les docteurs Bianchi, Bron, Bruck, Chabalier, Fochier, Kastus, Laure, Levrat, Lortet, Pernot, Tripier, Viennois.

Aides :

MM. Armand, Cartaz, Coutagne, Faisant, Lépine, Marty, Massod, Mazade, Rebatel, Vinay.

Sous-aides :

MM. Amaudru, Bresse, Cournier, Duchamp, Lemoine, Martin, Paliard, Servienski, Tirant.

b. — SERVICE DE LA PHARMACIE.

Pharmacien en chef. . . .	M. le docteur Crolas.
Aide	M. Tracol.
Sous-aide	M. Gerbay.
Sous–aide laissé au dépôt. .	M. Tavernier.

c. — SERVICE DES INFIRMIERS.

Infirmier-major.	M. le professeur Chauveau.
Infirmier-major adjoint .	M. Poncet.

Infirmiers :

MM. Berjon, Brun, Chantre, David, Duchemin, Duseigneur, Feindel, Gelot, Gennetier, Gourd, Guillard, Hackenschmidt, Holstein Janin, L. Lortet, Maillet, Marchand, G. Nadaud, Perret, Piot, Pissot, Phélip, Rivoiron, Saillens père, Saillens fils, Schlumberger, Emile Schultz, Sifflet, Stricker, Vachon, Vermeil.

d. — SERVICE ADMINISTRATIF.

Intendant général	M. Chabrières.
Aide intendant	M. Cottin.
Aide intendant comptable.	M. Schultz (Paul).
Secrétaire interprète. . .	M. Bertaud.
Préposé aux vivres. . . .	M. Bateyron.
Préposé aux attelages . .	M. Savaresse.

Aumôniers :

MM. les abbés Faivre et Villion.

Pasteur, M. Aschimann.

Un règlement général a été rédigé et adopté dans le but de maintenir l'ordre, l'unité et l'harmonie au milieu d'un aussi nombreux personnel (1).

Ces préparatifs complexes ont été longs, c'était une organisation

(1) Le voici dans son entier :

RÈGLEMENT GÉNÉRAL POUR LA PREMIÈRE AMBULANCE LYONNAISE.

A. *Composition de l'ambulance.*

ARTICLE PREMIER.—L'Ambulance est divisée en quatre sections établies ainsi qu'il suit :
1° Service médical.
2° Service de la pharmacie.
3° Service des infirmiers.
4° Service administratif.
De plus des aumôniers catholiques et protestants accompagnent l'ambulance.

ART. 2. — Le personnel de l'ambulance est réparti dans les divers services de chirurgie et de médecine.

ART. 3. — Le personnel de l'ambulance pourra être divisé en deux parties formant deux ambulances, commandées chacune par l'un des chirurgiens en chef, ou en plusieurs escouades destinées à agir isolément, plus ou moins nombreuses suivant les besoins du service.

B. *Attributions.*

ART. 4. — La direction générale de l'ambulance appartient exclusivement au chirurgien en chef, et à son défaut au chirurgien en chef adjoint.

ART. 5. — Le personnel de chaque service est dirigé par son chef immédiat ou son adjoint, sous les ordres du chirurgien en chef.

ART. 6. — Les chirurgiens et les médecins assistent le chirurgien en chef dans le traitement chirurgical ou médical des malades, ou dirigent eux-mêmes ce traitement suivant les circonstances et les dispositions prises par le chirurgien en chef.

ART. 7. — Les aides et les sous-aides prêtent leur assistance pendant les opérations et exécutent les pansements prescrits par les chirurgiens ou médecins. Tous contribuent indistinctement et à tour de rôle au service des gardes; par exception, dans les cas urgents où le personnel des infirmiers serait insuffisant, les aides et les sous-aides peuvent être requis pour contribuer au transport des blessés.

Dans le cas d'insuffisance du personnel des médecins, les aides peuvent être appelés à les suppléer.

ART. 8. — La préparation et la distribution des médicaments sont faites par les aides et sous-aides pharmaciens, sous la direction du pharmacien en chef. Aucune autre personne ne peut prendre directement dans l'officine des substances médicamenteuses. Hors les cas de force majeure, elles seront toujours délivrées sur la présentation d'une feuille de prescription signée d'un chirurgien ou d'un médecin, ou contre la remise d'un bon d'urgence signé par l'aide de garde. Les aides et sous-aides pharmaciens peuvent aussi être requis à l'occasion pour suppléer à l'insuffisance du personnel des infirmiers.

toute nouvelle, mais enfin, grâce surtout à l'esprit pratique de
M. Chabrières-Arlès, toutes les difficultés d'exécution ont été sur-
montées et le 9 octobre, à 4 heures du soir, la première ambulance
volante ayant à sa tête M. le président d'Espagny, la plupart des

ART. 9. — Les infirmiers transportent et installent les blessés à l'ambulance; ils ont la
charge des soins généraux que les blessés réclament; propreté des locaux et des hommes,
couchage, nourriture, tisane, administration des médicaments, etc. Si les circonstances
l'exigent, les infirmiers doivent encore leurs concours pour les opérations et les pansements.

ART. 10. — L'intendant général préside, avec le concours de ses aides à l'administration
des deniers. Il règle tout ce qui a rapport aux transports, aux vivres, à l'entretien du
matériel de l'ambulance.

Le personnel administratif peut aussi être requis pour contribuer au service des infirmiers toutes les fois que l'intendant général jugera que le service administratif n'en souf-
frira pas.

ART. 11. — Si dans les cas de force majeure, des corvées sont nécessaires pour assurer
les subsistances de l'ambulance, le personnel des divers services devra contribuer à ces
corvées.

ART. 12. — Tout le monde doit concourir également aux gardes de sûreté qui pourraient
être établies pour préserver le matériel de l'ambulance contre les maraudeurs.

C. *Discipline.*

ART. 13. — Tous les membres de l'ambulance son astreints à la plus stricte discipline.

ART. 14. — Ils doivent obéissance complète au chirurgien en chef dont l'autorité est
absolue.

ART. 15. — Ils doivent en outre la même obéissance à leurs chefs de service respectifs,
et à toute autre personne à qui ces derniers délèguent régulièrement leur autorité, avec
l'assentiment du chirurgien en chef.

ART. 16. — En cas de division de l'ambulance, les divers membres doivent obéissance
aux chefs de la section ou de l'escouade.

ART. 17. — Les pénalités consistent dans l'avertissement public et l'exclusion.

ART. 18. — L'avertissement est donné par les chefs de service.

ART. 19. — L'exclusion est prononcée par un conseil de discipline composée de tous les
chefs de service, du chirurgien en chef adjoint, du plus âgé des infirmiers.

ART. 20. — L'exclusion entraîne le retrait du brassard et de tous les insignes qui
assurent la neutralité.

ART. 21. — Toute acte formel d'insubordination ou d'inconduite grave, dûment constaté
par le conseil de discipline, entraîne de droit l'exclusion.

ART. 22. — Tout acte de négligence dans le service, tout défaut de tenue ou manque de
conduite capable de troubler l'ordre entraînent l'avertissement. A une deuxième récidive
les délinquants sont déférés au conseil de discipline.

C. *Mesures d'ordre général.*

ART. 23. — Toutes les fois que les circonstances le permettront, les chefs de service
se rendront chaque jour au quartier général à l'heure fixée par le chirurgien en chef, pour
rendre compte de leurs opérations et prendre les ordres de service.

membres des divers Comités et quelques personnages marquants de la ville, partit du palais Saint-Pierre pour se rendre à la gare de Perrache. Sur son parcours, le poste de l'Hôtel-de-Ville lui rendit les honneurs militaires. Partout la foule profondément émue se

ART. 24. — Un appel fait chaque matin à l'heure de la collation, par les chefs de service constatera la présence des hommes sous leurs ordres.

D. *Bagages.*

ART. 25. — Les fourgons de l'ambulance étant exclusivement réservés au service général, les membres de l'ambulance sont tenus de transporter eux-mêmes leur bagage personnel. Il ne sera fait d'exception qu'en faveur des malades et des éclopés.

ART. 26. — Toutefois, eu égard à l'état avancé de la saison, une voiture spéciale recevra de chaque membre de l'ambulance, un paquet formé d'une enveloppe de toile cirée contenant un surtout d'hiver, pardessus, caban, etc.

E. *Coucher.*

ART. 27.— L'administration ne pouvant garantir des lits aux de membres de l'ambulance, chacun veillera à sa propre installation dans les locaux désignés pour passer la nuit.

F. *Vivres.*

ART. 28. — Tant que la cantine générale de l'ambulance ne sera pas installée, et dans le cas où une partie de l'ambulance serait trop éloignée du quartier général pour être alimentée par la cantine, une indemnité sera accordée aux membres de l'ambulance pour pourvoir eux-mêmes à leur nourriture. Le chiffre de cette indemnité, le même pour tous, sera fixé et modifié suivant les circonstances d'un commun accord par les chefs de service.

ART. 29. — Les membres de l'ambulance qui ne voudraient pas profiter de cette indemnité de vivres sont priés d'en prévenir l'administrateur intendant général.

ART. 30. — Quand la cantine fonctionnera régulièrement, les repas se composeront autant que possible de 1° la collation à 7 heures du matin. — 2° Le déjeuner à 11 heures. — 3° Le dîner à 6 heures.

ART. 31. — La règle prescrite par l'art. précédent ne sera plus appliquée quand l'ambulance fonctionnera sur un champ de bataille, ou dans une période de combats successifs qui nécessiteront l'intervention presqu'incessante et imprévue du personnel. La cantine restera alors ouverte en permanence au service des membres de l'ambulance et des blessés.

ART. 32. — L'exactitude aux heures prescrites pour les repas en temps ordinaire est de rigueur. Il n'y aura d'exception que pour les hommes retenus par un service qui ne peut être interrompu.

ART. 33. — Si pendant que la cantine fonctionnera, quelques membres de l'ambulance peuvent et veulent vivre ailleurs, à leurs frais, ils en donneront avis d'avance à l'aide intendant préposé aux vivres, pour éviter tout dégât inutile des provisions.

Le Président du Comité,

Comte d'ESPAGNY.

Le Président de la Commission médicale,

OLLIER.

découvrait avec respect, et faisait entendre des applaudissements sympathiques. Chacun comprenait en effet que ces secours désirés allaient peut-être à la destination d'un parent, d'un ami. Ces imposantes démonstrations accompagnèrent jusqu'au lieu du départ ce cortége d'élite qui allait déployer sur les champs de bataille le drapeau de la charité et de la civilisation.

Aprés avoir traversé Montbéliard, puis Belfort où se trouvaient nos mobiles du Rhône, la première ambulance se dirigea par Vesoul sur Epinal où la présence des Prussiens venait d'être signalée; mais les communications ayant été brusquement interrompues, elle fut obligée de séjourner successivement à Saint-Loup-les-Luxeuil, où elle eut à soigner les premiers blessés, à Aillevilliers, puis enfin à Vesoul où l'armée du général Cambriels avait reçu l'ordre de se rendre.

Le 17 octobre, MM. Crolas, Pernot, Gélot et Hakenschmidt acceptaient la mission d'aller à Saint-Loup à la recherche de 26 blessés qu'on assurait être sans secours. A l'entrée du village de Conflans, ils furent cernés par des dragons badois, et durent parlementer avec les officiers prussiens pour arriver jusqu'au prince Guillaume de Bade qui les autorisa à aller visiter leurs malades; malheureusement, nos médecins avaient été induits en erreur, et aucun blessé ne se trouvait à Saint-Loup. La petite escouade fut retenue prisonnière et dut subir bien des mécomptes avant de pouvoir rejoindre l'ambulance. Elle se mit en route avec l'armée ennemie, mais les Prussiens, arrivés à Conflans, établirent leurs batteries dans les champs, et le prince Guillaume de Bade renvoya nos confrères à Saint-Loup, auprès du prince de Hohenlohe, chef du service médical; ils retournèrent donc sur leurs pas, et passèrent une journée dans une écurie où le prince Hohenlohe vint leur rendre visite en compagnie du docteur Beck, chirurgien en chef du 14e corps, et du docteur Kul du 34e régiment.

Le 18, au soir, le prince manda auprès de lui MM. Crolas et Pernot, et leur annonça qu'ils partiraient le lendemain pour Vesoul avec l'état-major et le corps d'armée prussiens, mais derrière les fourgons et les voitures du général de Werder, exposés par conséquent au feu des francs-tireurs cachés dans les bois. Entrés dans Vesoul, ils ne trouvèrent plus leurs collègues qui, de Gray s'étaient portés sur Besançon où les combats livrés à Cussey les avaient forcés de s'installer au couvent de Saint-Ferréol. Le général de Werder vint ensuite en personne leur intimer l'ordre de rester au milieu d'eux jusqu'à nouvel avis, puis traça plus tard l'itinéraire de leur retour par Epinal, Raon l'Etape, Schismick, Strasbourg, Khel, le Grand-Duché et Bâle. Durant ce parcours, ils eurent l'occasion de soigner un certain nombre de blessés. MM. Crolas, Pernot et leurs compagnons de captivité, sans cesse arrêtés et inquiétés jusqu'à Strasbourg, gagnèrent la Suisse et enfin Besançon où le reste de la première ambulance les attendait depuis quinze jours dans la plus vive angoisse (1).

Pendant ce laps de temps et quelques jours avant les combats de Voray et de Cussey, une ambulance importante avait été organisée par les soins de M. le chirurgien en chef, à Besançon, chez les dames si dévouées du Sacré-Cœur, au couvent même de Saint-Ferréol, où, grâce au matériel apporté ainsi qu'aux dons empressés de la charité Bizontine, on put installer convenablement 200 lits.

L'ambulance de Saint-Ferréol a eu d'abord 73 blessés dont 10 seulement ont succombé. Les premiers avaient été recueillis par la première ambulance sur le champ de bataille de Châtillon-le-Duc et de Cussey. 17 d'entre eux purent être évacués, dès les premiers jours, sur les établissements hospitaliers de la ville. Puis le chiffre des malades augmenta successivement jusqu'à la fin de la campagne.

(1) Extrait du rapport sur l'ambulance de l'église de Bellegarde (Loiret), par le docteur Pernot, lu à la Commission médicale.

Après l'affaire de Villersexel, on ramena de la succursale de Rioz, les blessés qui pouvaient supporter le transport sans danger, — le combat d'Autoreille en fournit un certain nombre — enfin, la section de Rougemont, dirigée par M. Viennois, évacua plus tard ses opérés sur Saint-Ferréol (1).

En dehors des plaies par armes à feu, un grand nombre de cas chirurgicaux de tout genre ont été observés. Le lendemain des affaires de Cussey, M. le docteur Ollier vint visiter les blessés transportés du champ de bataille dans les petites communes environnantes. Plusieurs résections furent faites, une entr'autres par M. le docteur Tripier qui obtint un beau succès.

Après le départ de la première ambulance, M. Laure a continué ses soins aux opérés de Saint-Ferréol, puis à ceux de Rioz; c'est ainsi qu'à l'époque du passage de l'armée du général Bourbaki, il a été amené à choisir comme succursale de Saint-Ferréol, cette petite localité où, grâce à l'initiative de M. Coutagne, il a pu soigner environ 350 malades ou blessés qui ont été ultérieurement évacués sur les divers établissemente hospitaliers de Besançon. La plupart de ces malades étaient atteints de pneumonies, de congélations, de varioles, et surtout de fièvres typhoïdes.

En additionnant tous ces chiffres, on constate que 1,356 malades, parmi lesquels 300 cas d'affections chirurgicales, ont pu être recueillis, pendant la durée de la guerre, dans les ambulances de Saint-Ferréol et de Rioz (2).

Une petite ambulance qui rendit aussi des services fut celle d'Auxon, improvisée pour quelques heures par M. le docteur Bron

(1) Parmi les blessés de Cussey opérés quelques heures après l'action par MM. Ollier et Laroyenne, 7 ont succombé plus ou moins tardivement, les trois premiers au tétanos consécutivement à l'amputation ; le 4me, à une pneumonie traumatique causée par le projectile ; le 5me, à une méningite rachidienne également traumatique ; le 6me, à une encéphalite, suite d'enfoncement du crâne avec lésion des parties molles ; le 7me, à une infection purulente survenue au 45e jour d'une fracture par coup de feu des deux os de la jambe.

(2) Extrait du rapport de M. le docteur Laure sur les ambulances de Saint-Ferréol et de Rioz, lu à la Commission médicale.

sur le champ de bataille de Cussey et dans des circonstances qui seront rapportées plus loin. Une escouade, composée de MM. Chabalier, Fochier, Cournier, Duseigneur, à laquelle s'adjoignirent MM. Lortet, Chauveau et Bron, désignée pour faire le service de garde en cas d'événement, était partie de Besançon le jour même de la bataille, et s'était dirigée du côté où le canon se faisait entendre.

Sans renseignements certains sur l'endroit où l'on se battait, l'escouade suivit la route de Voray sur le parcours de laquelle elle rencontra le docteur Gauthier de Luxeuil, qui aida plus tard avec empressement au transport des blessés.

Depuis le matin, le combat était engagé à Etuz d'abord, puis à Buthier, les lignes prussiennes occupaient Cussey et la rive gauche de l'Oignon ; dans un rayon de plusieurs kilomètres. On organisa de suite une ambulance placée malheureusement dans une situation dangereuse, car elle fut un instant prise entre les feux des Badois et ceux des zouaves qui repoussèrent bien à propos ces derniers. On recueillit alors un certain nombre de malades grièvement blessés, pendant que d'autres purent gagner les ambulances voisines.

Pendant ce mouvement précipité, trois blessés seulement purent être pansés : le 1er avait une perforation de la poitrine avec fracture comminutive de côtes et esquilles ; le 2me avait le bras traversé par une balle, et le 3me, la paume de la main et le pouce gauche emportés, amputation qui fut régularisée par M. Bron.

Tout-à-coup, l'atmosphère fut éclairée par l'immense incendie d'Auxon et des villages voisins que les Badois brûlaient en partant.

L'ambulance opéra alors une retraite silencieuse, emportant ses trois blessés sur une mauvaise charrette.

M. Bron, occupé à panser un jeune mobile dont le mollet venait d'être traversé par une balle, fut renversé par la foule et isolé de ses camarades qu'il ne put rejoindre. C'est alors que, dans cette situation, il prit possession d'une maison abandonnée, dans laquelle il installa une petite ambulance pourvue simplement de paille. En quelques instants, la pièce du rez-de-chaussée fut pleine de blessés. Beaucoup même durent être entreposés autour de la maison.

Pendant plusieurs heures, M. Bron a été à même de recueillir une centaine de blessés environ. Voici, du reste, la statistique qu'il m'a adressée sur ce qu'il a eu de plus saillant :

2 malades avaient une fracture de jambe avec plaies et esquilles, il les a amputés.

1 malade avait le pied déchiré par un éclat d'obus ; M. Bron a pratiqué une désarticulation tarso-métatarsienne.

6 8 avaient une plaie du pied avec des esquilles ; il a fait des désarticulations partielles.

1 avait le genou emporté par un éclat d'obus, il a subi une résection.

2 avaient le fémur fracturé au tiers inférieur, avec plaie et issue des muscles. L'amputation a dû être régularisée chez les deux malades.

1 avait le fémur fracturé, avec plaie et esquilles ; un pansement a été fait, et les esquilles ont été retirées.

1 avait une plaie énorme de la cuisse, avec broiement du fémur près du col ; la désarticulation seule était possible : un pansement seul a été fait.

1 avait les deux cuisses fracturées avec plaie. Il est mort presqu'aussitôt, au moment où une décision allait être prise à son égard.

3 avaient une plaie pénétrante de poitrine ; l'un d'eux est mort au bout de quelques instants.

1 avait une fracture du bras avec plaie.

Un autre, une plaie de tête.

Un grand nombre avaient des plaies superficielles.

Tous ces malades furent successivement transportés à Besançon,

7

où M. Bron accompagna les derniers avec M. Cournier qui lui avait prêté un concours si dévoué (1).

La prise de Dijon et les progrès de l'ennemi dans la vallée de la Saône firent abandonner Besançon par le gros de l'ambulance qui se porta sur Lyon menacé. La direction de St-Ferréol fut alors confiée à M. Laroyenne qui fut lui-même rappelé bientôt après à Lyon par les mêmes motifs, et remplacé par M. Laure qui resta à la tête de cette section pendant 7 mois 1/2 (2).

L'ambulance stationna quelques jours à Lyon pour remettre le matériel au complet, mais bientôt l'insuffisance des secours médicaux dans Belfort assiégé préoccupant vivement l'opinion publique, M. Ollier désigna pour cette destination une escouade composée de MM. Chabalier, Lépine, Amaudru, Vinay, Tyran, Berjon, Bertaud et l'abbé Villion qui partit le 6 novembre sous la direction de M. Bron.

Arrivés seuls à Boncourt, MM. Bron, Chabalier et Bertaud firent parvenir au général de Treschow, commandant l'armée d'investissement, les pièces justificatives de leur mandat avec une demande d'entrée dans la ville assiégée. Le général accorda l'autorisation, et aussitôt le reste de l'escouade suivi d'un fourgon partit de Lyon traversant la Suisse pour ne pas éprouver de retard; puis, après 15 jours de marches et de contre-marches, après avoir été pris à Fontaine pour des espions, et menacés comme tels d'être fusillés, nos honorables confrères furent obligés de rentrer à Lyon sans que la promesse qui leur avait été faite ait été exécutée. Froissés de ces mauvais procédés, et cherchant à en pénétrer la cause, ils apprirent à Fontaine de sources émanant d'officiers prussiens, que le refus de les laisser entrer dans Belfort était arrêté depuis longtemps, que cependant un nouveau conseil avait été tenu pour savoir si on se

(1) Extrait du mémoire de M. le docteur Bron, sur l'*Ambulance d'Auxon*, lu à la Commission médicale.
(2) Note de M. le docteur Ollier.

départirait de toute rigueur à leur égard, mais que les conclusions avaient été négatives parce qu'on considérait les soins donnés aux blessés dans ces conditions comme une *sorte de ravitaillement de la place* (1).

Nous reproduisons ces faits et les explications dont on les a fait suivre, en ajoutant toutefois qu'il convient d'observer une sage réserve avant de lancer contre un ennemi une pareille accusation de lèse-humanité.

M. l'abbé Villion resta après le départ de l'escouade à Mulhouse pour tenter isolément d'entrer à Belfort. Il fut arrêté dans son entreprise par les Allemands qui l'emmenèrent à Strasbourg, et le tinrent au secret pendant quinze jours, sous l'inculpation d'espionnage. Plus tard, après la reddition de la place, M. Viennois est entré à Belfort où il est resté trois semaines avec MM. Gourd, Vermeil et Tracol pour procéder aux évacuations des malades ou blessés, soit à travers la Suisse, soit à travers la France (2).

Le 14 novembre, après avoir laissé à Lyon MM. Bianchi et Kastus pour le renouvellement de son matériel, M. Ollier, se dirigea vers Orléans par Nevers et Gien. Il s'occupa immédiatement de choisir des installations sur la rive gauche de la Loire, à Châtillon-sur-Loire et à Sully où on put préparer 300 lits environ.

Le 22 novembre, l'ambulance était à Bellegarde et arrivait pour soigner les blessés de Ladon. M. Laroyenne fit plusieurs voyages dans cette localité pour y installer, soigner et opérer les blessés du dernier combat en partie fournis par les mobiles de la Loire (3). M. Ollier fit préparer deux grandes ambulances à Bellegarde même, à la gendarmerie et à l'église, et on chercha en outre de petits locaux dans la ville pour les opérations graves et les maladies contagieuses. Grâce à ces dispositions, on a pu soigner

(1) Extrait du mémoire de M. le docteur Bron sur sa mission à Belfort.
(2) Extrait d'une note de M. le docteur Viennois.
(3) Note de M. Ollier.

plus de mille blessés après les combats de Ladon, de Beaune-la-Rollande et de Bois-Commun. C'est là surtout que le personnel, quoique très-nombreux, parut insuffisant tant il est vrai qu'après les grands combats le personnel n'est jamais assez considérable. Il est vrai d'ajouter que c'est à cette époque que furent observées les blessures ayant nécessité en plus grand nombre les opérations de haute chirurgie.

La gendarmerie à laquelle étaient attachés particulièrement MM. Laroyenne, Léon Tripier, Fochier et Rebatel, reçut un chiffre considérable de ces opérés. On y pratiqua les opérations urgentes, les amputations, résections, ligatures, applications des drains dans tous les trajets de projectiles situés à une certaine pro-profondeur dans les tissus ; on immobilisa dans des appareils sili-catés, et surtout dans des gouttières les membres dont la conser-vation paraissait devoir être tentée (1). C'est là que se produisit un accident d'inoculation qui faillit avoir des conséquences fatales pour M. Léon Tripier. Ce distingué et sympathique confrère atteint d'un phlegmon du bras et de l'avant-bras gauches pour avoir introduit dans une plaie sceptique un doigt sur lequel existait une éraillure, a eu pendant plusieurs mois sa vie en danger par suite d'une suppuration diffuse qui a heureusement, mais bien lentement, cédé à un traitement énergique.

L'ambulance de l'église de Bellegarde fut confiée à MM. Pernot et Lortet qui se partagèrent les pansements d'urgence, laissant à MM. les Chirurgiens en chefs le soin de pratiquer les opérations graves, comme ils l'avaient fait du reste dans les diverses ambu-lances établies jusqu'alors.

M. le docteur Crolas, MM. Cartaz, Faisant, Gélot, Perret, Tracol et l'abbé Faivre rivalisèrent de zèle pour suffire à tous les besoins. La saison était fort rigoureuse dans cette petite localité

(1) Note adressée par M. le docteur Laroyenne.

dénuée en outre de tout approvisionnement par suite du passage continuel des troupes. Le 28, eut lieu la bataille de Beaune-la-Rollande. Plusieurs escouades furent envoyées sur le champ du combat. M. Tripier s'installa au château de Mont-Barrois, et y resta plusieurs heures sous le feu de l'ennemi, recueillant et opérant les blessés (1).

Du 27 au 30, il est entré dans l'ambulance de l'église de Belle-garde 132 blessés, dont 59 ont été évacués sur Orléans et 73 sur Châteauneuf ; plus 160 blessés qui ont été dirigés précipitamment sur Gien à cause de la marche des Prussiens ; enfin, du 30 novembre au 2 décembre, 114 blessés qui ont pu être pansés et dirigés sur divers points avant le départ de Bellegarde (2). Total 531 malades, dont 406 blessés à ajouter à ceux amassés sur les champs de bataille de Ladon et de Bois-Commun par MM. Tripier et Cartaz et installés à la gendarmerie (3).

Indépendamment des malades qui avaient été évacués des ambulances de Bellegarde, M. Laroyenne eut à soigner avec M. le docteur Bouley fils un grand nombre de victimes des derniers combats qu'avaient livrés à Juranville et à Mezières les 18ᵐᵉ et 20ᵐᵉ corps d'armée.

Bientôt l'installation de Bellegarde se trouvant compromise, M. Ollier établit derrière les lignes françaises une nouvelle ambulance au château de Chicamour, et on dirigea vers Sully au château de Béthune, sous la conduite de M. le docteur Bruck, tous les blessés qui avaient besoin d'être définitivement installés pour être opérés et soignés.

M. le docteur Chabalier avait été envoyé à Châteauneuf comme chef d'une escouade, composée de MM. Martin et Bresse, sous-aides, de MM. Saillens père et fils, infirmiers, pour faire le service des

(1) Note de M. Ollier.
(2) Extrait du rapport sur l'ambulance de l'église de Bellegarde par le docteur Pernot.
(3) Note de M. Ollier.

ambulances établies dans cette ville, au château, à la mairie, à la salle de danse, et pour panser chaque jour les blessés arrivant de l'aile droite de l'armée de la Loire, afin de les évacuer ensuite soit à Orléans, soit à Sully où se trouvait déjà l'ambulance d'évacuation des blessés de Beaune-la-Rollande (1).

On s'occupait de faire dans les localités voisines des installations semblables quand la retraite précipitée de l'armée de la Loire força la première ambulance à quitter les lieux, et à suivre le quartier-général du 20me corps. Toutes les ambulances sédentaires établies à Sully furent alors confiées à M. le docteur Laroyenne qui, s'y installa pendant 20 jours avec douze personnes, deux docteurs, MM. Levrat et Lortet, trois aides ou sous-aides et six infirmiers.

La ville fut plusieurs fois visitée par les Bavarois, mais l'ambulance n'eut pas à souffrir de leur présence. M. Ollier suivit alors le 20me corps avec la plus grande partie de l'ambulance à Argent, et puis à Bourges.

L'armée prit dans cette ville quelques jours de repos qui permirent à l'ambulance de s'établir près d'Allogny, et de s'occuper de l'installation des malades, mais on reçut bientôt l'ordre du départ, et l'ambulance se rendit par Nevers, Chagny et Châlons jusqu'à Besançon, pour faire une seconde campagne de l'Est. Elle fut rejointe à Châlons par la section laissée à Sully-sur-Loire. Le 10 janvier, elle se dirigea vers le théâtre de la guerre, à Villersexel, où se trouvaient de nombreux blessés des combats de la veille ; mais les locaux n'étant pas propices pour des installations chirurgicales, elle s'établit à Rougemont. M. Ollier organisa dans cette localité plusieurs ambulances, à la mairie, au château et dans diverses maisons particulières, où on eut à soigner près de 500 blessés, sans en compter un nombre à peu près égal qui ont été gardés pen-

(1) Extrait du mémoire de M. le docteur Chabalier intitulé : *Mon dossier vis-à-vis la Société internationale de secours aux blessés.*

dant 24 ou 48 heures pour être évacués ensuite sur Besançon et Lyon.

Là, comme à Saint-Ferréol et à Sully, M. Ollier avait installé des services chirurgicaux, pendant que des escouades à la tête desquelles se trouvait M. Laroyenne assisté de MM. Crolas, Levrat et Cartaz, suivaient le 20me corps dans tous ses mouvements, à Trémoins, à Saulnot, établissaient dans cette dernière localité une ambulance pour recueillir les blessés et les malades d'Arcet et d'Héricourt, et rendaient ainsi chaque jour, sur les champs de bataille, les plus importants services (1).

Malheureusement, la retraite de l'armée sur Besançon força l'ambulance à rétrograder aussi.

L'ambulance de Rougemont fut alors confiée aux soins de MM. les docteurs Viennois et Lortet, et M. Ollier suivit son corps d'armée à Besançon, puis à Pontarlier où diverses ambulances furent organisées, pour rentrer définitivement par la Suisse à Lyon.

Le personnel de l'escouade laissée à Rougemont était composé de MM. Viennois, Lortet, Œschimann, Armand, Tirant et Holstein. Ils eurent à soigner, à Rougemont même, depuis le départ de MM. Ollier et Laroyenne, 35 blessés et 168 malades, indépendamment de ceux déjà disséminés à Lariant et à Cuse.

Le service des blessés était placé sous la direction de M. Viennois, et celui des malades sous celle de M. Lortet. Dès les premiers jours, l'état des blessés a nécessité de graves opérations. MM. Viennois et Lortet ont pratiqué deux amputations de cuisses, plusieurs de bras et d'avant-bras, et quelques amputations partielles de pied ; mais les conditions hygiéniques étant mauvaises, plusieurs de ces opérés succombèrent assez rapidement à des hémorragies incoercibles, au tétanos, et à l'infection putride.

Le service médical de M. Lortet renfermait un grand nombre de varioles confluantes, de fièvres typhoïdes, de broncho-pneumonies

(1) Note de M. Ollier.

compliquées d'accidents typhiques. Beaucoup de ces malheureux, privés de paille et étendus sur des planches complètement nues, n'ont pas tardé à succomber.

Cette horrible détresse fut bientôt connue du prince Hohenlohe et du général de Werder qui s'empressèrent de donner à M. Lortet un sauf-conduit pour aller par Héricourt chercher des secours en Suisse ou même à Lyon, mais à Héricourt même, l'intendance allemande, sur les instances du commandant de place, lui céda généreusement plusieurs voitures chargées de café, sucre, riz, lentilles, etc., qu'il eut le plaisir de ramener à Rougemont, mais difficilement par un froid de 18 degrés (1).

D'un autre côté, M. Ollier, avisé par ses honorables confrères, leur dépêcha de Besançon, MM. Tracol et Marchand, avec des provisions, de l'argent et des médicaments.

A Héricourt, M. Lortet entra en relations avec M. le professeur Rose, chirurgien en chef de l'ambulance zurichoise, qui lui obtint quelques faveurs de l'autorité allemande, et lui adjoignit gracieusement trois élèves de son ambulance, MM. Exchaquet, Bugnon et Cossi, de l'université de Zurich, lesquels, installés par M. Lortet à Baume-les-Dames, soignèrent avec un grand dévouement 93 blessés jusque-là dénués de tout secours. Plusieurs fois, MM. Viennois et Lortet, accompagnés d'un aide, firent le voyage de Rougemont à Baume-les-Dames pour soulager ces jeunes confrères dans leur pénible tâche.

Au total, les ambulances de Rougemont et de Baume-les-Dames eurent à soigner, depuis le départ de M. Ollier, 296 blessés, outre les habitants de la localité atteints de variole ou de typhus. Peu à peu les malades furent évacués sur Besançon et sur Vesoul, et 19 convalescents seulement laissés chez les sœurs furent confiés au médecin domicilié à Cuse ; puis, l'escouade considérant son œuvre comme terminée, se dirigea sur Lyon.

(1) Extrait du rapport de M. le docteur Lortet.

Telle est, esquissée à grands traits, l'histoire des campagnes médico-militaires de votre première ambulance volante qui, grâce à la sage économie de MM. Chabrières et Cottin, n'ont coûté au Comité de Lyon que la somme de 74,012 fr. (chiffre extrait du livre de compte de M. Bertaud).

La gravité et la complication des événements militaires ainsi que le nombre de plus en plus considérable des blessés laissés sans secours rendaient indispensable la formation d'une nouvelle ambulance volante. M. le docteur Gayet, par sa position chirurgicale, était désigné d'avance pour en prendre la direction. Il se rendit avec empressement aux vœux du public médical et mettant à profit le premier travail d'organisation qui avait été fait, il put compléter rapidement son matériel et son personnel.

L'ambulance comprenait d'abord 54 personnes, mais M. Gayet averti par l'expérience et redoutant les inconvénients d'une ambulance trop nombreuse, la partagea en deux sections qui furent ainsi réparties :

Première section.

a. — SERVICE MÉDICAL.

Chirurgien en chef, M. le docteur Gayet.

Chirurgiens et médecins.

MM. les docteurs Doyon, Gauthier, Chadebec, Pinet, Noack, Français.

Aides.

MM. Rey, de Finance, Morat, Morice.

Sous-aides.

MM. Reech, Guillaume, A. Cellard, H. Cellard.

b. — SERVICE DE LA PHARMACIE.

Pharmacien en chef, M. Coulomb.
Adjoint, M. Prudhon.

c. — SERVICE DES INFIRMIERS.

MM. Binet, Bieth, Selleret, Chaland, Protière, Faure, Marmy, Fitler, Delaporte, Fleury, Guedeney.

d. — SERVICE ADMINISTRATIF.

Administrateur en chef. . . . M. Tresca.
Intendant comptable . . . . M. Bolomier.
Préposés aux attelages . . . MM. Ancourt et Charpenay.

Aumôniers.

M. l'abbé Laboré.
Pasteur protestant, M. Picard.

Deuxième section.

a. — SERVICE MÉDICAL.

Chirurgien en chef, M. le docteur A. Dron.

Chirurgiens et médecins.
MM. les Docteurs Basset, Bravais, Schaack.

Aides
MM. Courbon, Duivon, Reboul.

Sous-aides.
MM. Chaboux, Jalabert, Odin, Selleret.

b. — SERVICE DE LA PHARMACIE.

Pharmacien en chef, M. Loir.
Adjoint, M. Perrier.

c. — SERVICE DES INFIRMIERS.

MM. Boubila, Genetier, Guichard, Libercier, Potalier, Valossière.

d. — SERVICE ADMINISTRATIF.

Comptable. M. Cusset.
Surveillant du matériel, M. Guimard.

Aumôniers.

M. L'abbé Ogeret.
Le pasteur M. Oberkampt.

Trois palefreniers conduisaient les trois voitures attelées chacune de deux chevaux.

Comme son aînée cette ambulance (1ʳᵉ section) partit le 26 octobre au milieu des témoignages d'estime et de sympathie de la cité Lyonnaise. Son organisation fut un instant troublée par une décision du Comité supérieur de Tours qui, alléguant la multiplicité des ambulances internationales, invitait M. Gayet à ne pas quitter Lyon ; mais sur les démarches de M. Doyon auprès de M. le comte de Flavigny, cette interdiction fut bientôt levée.

La deuxième ambulance fut alors envoyée à Dôle, vers le général Garibaldi qui réclamait avec instance des secours médicaux. Malgré la précipitation de son départ, elle arriva trop tard. Une ambulance de Saône-et-Loire l'avait précédée de quelques heures, et M. Gayet se dirigea par Dijon et Chagny sur Gien où se trouvait le 15ᵉ corps d'armée auquel l'ambulance fut attachée.

Il se disposait dans cette localité, grâce à la générosité de M. Baptias, à prendre possession d'une usine pour y recevoir des malades lorsqu'il reçut l'ordre de M. l'intendant Bassignot d'aller se fixer à Blancafort, petit village situé en arrière d'Argent et d'Aubigny où campait alors l'armée de la Loire. Plusieurs locaux, entr'autres les écoles de filles et de garçons furent immédiatement transformés en ambulances, et reçurent en peu de jours 173 malades ou blessés qui furent installés sur de la paille d'abord, puis couchés dans de véritables lits avec couvertures dont cent avaient été adressées par le Comité de Lyon.

Le 10 novembre, il fallut suivre l'armée qui se portait sur Coulmier. Un service d'évacuation composé de M. le docteur Chadebec, assisté de MM. Cellard, Chaland et Fleury fut chargé des malades qui ne pouvaient être transportés. M. Gayet se dirigea sur Orléans ou le maire lui donna, rue Bannier, 47, un local qui devint le quartier général de la 2ᵉ ambulance. C'est là qu'il concentra les blessés allemands répandus dans les ambulances privées de la ville. 3 salles de soldats, puis 6 et une salle d'officiers furent préparées pour recevoir les malades. Beaucoup d'officiers furent obligés de loger en ville où MM. Doyon et Noack qui parlaient allemand les visitèrent. Outre l'ambulance de la rue Bannier, la ville avait encore donné la gendarmerie où se trouvaient environ 80 malades ou blessés, et Mgr. l'évêque d'Orléans avait mis à la disposition de l'ambulance sa maison de campagne, dite la Pomme-de-Pin. M. Chadebec fut chargé de la gendarmerie et M. Français de la Pomme-de-Pin. L'ambulance de la gare qui se trouvait dans de bonnes conditions hygiéniques fut exclusivement consacrée aux nombreux malades de passage, et devint le bureau central où se faisait le triage. Le docteur Noack, assisté d'un aide-major, fut d'abord chargé de ce service auquel on adjoignit peu après quelques élèves de l'école de Strasbourg.

M. Gayet reçut l'ordre de rejoindre la division qui exécutait un mouvement en avant. Il télégraphia alors au docteur Dron de venir avec tout son personnel prendre possession des postes de secours médicaux d'Orléans. M. Gayet partit avec son ambulance pour Trainon, petit village de la forêt d'Orléans, puis se dirigea sur Chambon où après le combat de Beaune-la-Rollande il trouva de nombreux blessés dispersés dans les maisons. C'est là qu'il fut assez heureux pour extirper chez un franc-tireur une balle du crâne après trépanation, opération dont il n'a pu connaître les résultats. Le lendemain eut lieu l'évacuation des blessés sur Orléans où ils furent confiés aux soins éclairés du docteur Gauthier, dont M. Gayet loue en cette circonstance le sang-froid et l'activité. Le 2 décembre 40,000 prussiens attaquaient le 15e corps dont la retraite fut ordonnée. La deuxième ambulance fit alors à pied 35 kilomètres pour rentrer à Orléans qui fut abandonné le 4 par l'armée française et réoccupé par les Prussiens.

M. Gayet engagea M. Dron à suivre l'armée avec sa section et resta à Orléans. Pendant cet envahissement qui dura trois jours, et amena dans la malheureuse cité près de 120,000 hommes de toutes armes, nous avions pour absorber nos pensées, dit M. Gayet (1) d'incessantes occupations, les blessés succédaient aux blessés, et les heures s'écoulaient en pansements et en opérations de toute nature. Des amputations de cuisses, de bras, de jambes furent pratiquées dans la rue Bannier, à la gendarmerie et à la Pomme-de-Pin.

Quatre jours après la reprise d'Orléans, M. Gayet fut visiter le champ de bataille qui s'étend de Chilleurs à Patay sur une étendue de 15 lieues environ. Deux escouades se séparèrent, l'une dirigée par M. Doyon avec mission de visiter l'est, et l'autre par M. Gayet dirigée sur l'ouest. Dans un petit hameau, à Neuvillers, M. Gayet découvrit 180 blessés, grièvement mutilés par des éclats d'obus, enfouis dans la paille par un froid de 8 degrés et dépourvus de tout

(1) Extrait du rapport de M. le docteur Gayet sur la 1re section de la 2e ambulance volante.

secours médicaux depuis 4 jours. Une étable à moutons fut choisie pour salle d'opérations. Du 7 décembre au 8, 17 amputations de cuisses ou de jambes furent pratiquées dans cet amphithéâtre d'un nouveau genre, garni de pailles que des moutons affamés venaient encore arracher aux opérés. C'est là que M. Gauthier contracta une angine de nature putride qui donna de sérieuses inquiétudes. On ne pouvait laisser plus longtemps des malades dans d'aussi mauvaises conditions, et on procéda à un triage. Les plus blessés furent laissés à Patay, et les autres conduits jusqu'à Orléans. M. Gayet fut ensuite mandé dans un autre village à Poupry ou avait eu lieu un combat sanglant. M. Doyon avait déjà pratiqué là plusieurs opérations urgentes, entr'autres deux résections du corps de l'humérus pour des fractures comminutives de cet os. M. Gayet y fit aussi cinq amputations de cuisse à des blessés qu'il laissa à l'ambulance du docteur Pamard pour rentrer à Orléans où il ramena onze charettes pleines de blessés. Orléans se remplit en ce moment de blessés et devint un foyer de pourriture d'hôpital et de complications nosocomiales. Sur une douzaine d'amputations, M. Gayet n'a laissé qu'un moignon du bras en bonne voie. Les 17 amputés de Neuvillers moururent; les 5 amputés de Poupry succombèrent; un amputé de cuisse mourut dans une ambulance privée; à la Pomme-de-Pin une amputation de cuisse et une de jambe au lieu d'élection furent également suivies d'un rapide insuccès. Une résection du corps du fémur fut aussi suivie de mort. Un seul amputé de l'avant-bras s'en tira avec un moignon ravagé par la pourriture d'hôpital. Il régnait une telle purulence que les plus petites écorchures étaient suivies de lymphangites.

Rappelé à Lyon pour reprendre le service de l'Hôtel-Dieu, M. Gayet laissa à M. Doyon la direction de la première section de la deuxième ambulance dont les membres avaient tous été si dévoués. Cette dernière, conduite par M. Doyon, quitta Orléans le 23 décembre, voyageant à petites journées avec tout son matériel et se dirigeant sur Strasbourg et Bâle. Toutefois comme il restait encore à Orléans un grand nombre de blessés et malades, tout le personnel de l'ambulance ne partit pas en même temps; une petite escouade composée de MM. les docteurs Français et Pinet, MM. Morice, Cellard, Laboré et Brackmann demeura jusqu'à ce que les blessés pussent être confiés à des médecins de la ville ou évacués comme prisonniers de guerre. La direction de cette petite section et des 200 malades environ qu'on laissait, fut confiée à M. Français. Peu à peu les Allemands se chargèrent de leurs compatriotes et les 80 Français qui restèrent furent centralisés à l'hôpital de la gendarmerie et confiés à M. le docteur Chipault, chirurgien de l'hôpital de la ville (1). Partie d'Orléans le 8 janvier, elle rentra par Strasbourg et Bâle à Lyon, quelques jours seulement avant l'armistice alors que les communications avec Besançon étaient déjà coupées. Plus tard M. Gayet put repartir pour cette ville où il rappela son ambulance qui était à Bâle.

Une escouade, dirigée par M. Doyon et composée de MM. Coulomb, pharmacien en chef, Morice, Reech et Guillaume, fut, sur la demande de M. Friand, intendant général, envoyée à Arc-Sénan pour y établir une station de secours, et M. Gayet, avec le gros de l'ambulance, partit pour rejoindre le 15me corps à Ste-Marie où il était engagé autour de Montbéliard avec l'armée de Werder. Là, d'accord avec M. le docteur Martenod qui dirigeait l'ambulance divisionnaire, il organisa une ambulance où les malades arrivèrent en grand nombre, mais, bientôt dépourvue de vivres et placée sur le chemin de retraite de l'armée, cette dernière fut évacuée et envahie peu après par les fuyards.

M. Gayet déclare avoir observé un grand nombre de mutilations qu'il croit volontaires, entr'autres 20 blessures des extrémités des doigts, semblables et exactement limitées à la dernière phalange. Sans nier la possibilité et la réalité de quelques faits de ce genre, il est bon de rappeler que Napoléon 1er eut longtemps aussi cette

(1) Note fournie par M. le docteur Français.

conviction , et que son opinion fut ensuite modifiée par les conclusions négatives du rapport du chirurgien Larrey sur cette question encore controversée.

M. Gayet, entraîné avec sa section par le mouvement général de retraite, pénétra en Suisse et revint à Lyon le 1ᵉʳ février. Là, se termina sa mission. Mais M. Doyon se rendit encore à Berne pour porter secours à nos compatriotes internés. Son escouade, composée de :

MM. le docteur Chadebec, chirurgien ;
Coulomb, pharmacien en chef ;
De Finance,
Selleret,⎬ aides-chirurgiens ;
Reech,
L'abbé Laboré, aumônier ;
Brachmann, infirmier ;

Et plus tard de :
MM. Gautier,
Pinet,⎬ chirurgiens ;

Morin,
Cellard,⎬ aides-chirurgiens,

eut à sa disposition avec l'agrément de l'autorité fédérale, soit à l'ambulance située à la caserne de cavalerie, soit à celle du camp de Wylker-Feld un grand nombre de lits continuellement occupés par des malades.

Je ne puis, dit M. Doyon dans ses notes et souvenirs d'un chirurgien de la deuxième ambulance (1), entrer dans tous les détails que comporterait un séjour de près de trois mois dans les ambulances de la Suisse ; une pareille narration m'entraînerait trop loin, quelqu'intérêt qu'y voulût bien prêter le lecteur indulgent. Je me

(1) Mémoire adressé au Comité directeur par M. le docteur Doyon.

bornerai à donner la statistique complète des malades traités à l'ambulance de la caserne de cavalerie à Berne, rappelant toutefois à ce sujet que nous partagions là le service avec plusieurs de nos collègues de Suisse qui nous ont constamment donné les témoignages d'une vive sympathie et de la plus touchante confraternité. Des étudiants suisses servaient d'internes. Un grand nombre de dames de la ville prodiguaient à nos blessés les soins les plus empressés et les plus délicats, et chaque jour, les membres des deux Comités de secours accouraient pour demander quels pouvaient être les objets utiles à nos malades. Les conseillers d'Etat, des magistrats municipaux, des officiers du ministère de la guerre venaient officieusement s'enquérir des *desiderata*.

La statistique de la caserne de cavalerie donnée par M. Doyon comprend en malades ou blessés un chiffre de 512 militaires, et sur ce total, 54 décès.

M. Doyon envoya trois membres de l'ambulance au cantonnement de Wylher-Feld, près Berne, où se trouvaient plus de 1,200 internés.

Si les récits de ces diverses stations de secours médicaux sont un peu rapides, c'est qu'ils se ressentent de l'entraînement des événements militaires qui les ont amenés. Plusieurs fois même, pour ne pas être induit en erreur dans l'exposition successive de faits aussi multipliés, j'ai dû emprunter quelques paragraphes aux rapports particuliers qui m'ont été adressés par MM. les chefs d'ambulances volantes; mais cette reproduction nécessaire n'en fait que mieux ressortir l'importance et la véracité des services qui ont été rendus.

Bien des dévouements ont été et resteront toujours ignorés. Plusieurs ont pu être oubliés, mais qu'on ne rejette ces lacunes involontaires ni sur l'esprit de parti, ni sur un manque de confraternité, car tous les faits méritants qui sont parvenus à ma connaissance ont été mentionnés avec un véritable bonheur, mais avant tout, avec une scrupuleuse impartialité.

Au reçu de la dépêche de M. Gayet qui mandait de suite, à Orléans la 2ᵐᵉ section de la 2ᵐᵉ ambulance, M. Dron, chirurgien en chef adjoint, convoqua ses collègues et fit ses préparatifs de départ. Le médecin, dont l'initiative est inspiré par le dévouement et la science, doit souvent faire taire les sentiments de la famille ou de l'amitié ainsi que les intérêts personnels pour se rendre sans hésiter au poste qui lui a été assigné. Pénétré de ces principes, M. Dron partit de Lyon le 25 novembre, à la tête de sa section, et se trouva le lendemain matin à Orléans, au milieu de blessés et de malades que lui laissait M. Gayet obligé de suivre le 15ᵉ corps d'armée. Quatre jours après, M. Dron, confiant les ambulances d'Orléans aux soins de MM. les docteurs Schaack et Bravais, assistait au combat de Chambon, en avant de la forêt d'Orléans, et pratiquait là plusieurs opérations. Le lendemain, il ramenait à Orléans, dans sa voiture d'ambulance, 7 officiers blessés, pendant que le docteur Gauthier de la première section ramenait de son côté 35 autres blessés. Ces différents malades furent conduits et soignés dans les infirmeries de la rue Bannier et de la gendarmerie.

Le 2 décembre, le jour même de la bataille de Patay, M. Dron, assisté des docteurs Schaack, Noack, de M. Coulomb et de quelques infirmiers, quittait Orléans avec deux voitures pour se porter sur le lieu du combat. Ils gagnèrent le village de Gommiers où de nombreux malades se trouvaient étendus sans secours dans des granges et des écuries. Epuisés par des fatigues incessantes et un froid des plus rigoureux, ces blessés furent difficilement transportés dans une ferme de Terminier où un feu put être allumé. Là, à la lueur de quelques chandelles, on pratiqua des amputations, des résections et des extractions de projectiles. Ayant appris par des zouaves pontificaux que le colonel de Charette et le général de Sonis avaient été blessés dans la journée, des recherches furent faites pour les retrouver, mais ces officiers se trouvant dans un château au pouvoir de l'ennemi, on dut renoncer au projet de leur porter secours. Après être restés toute la nuit sur le champ de bataille, M. Dron et son escouade s'occupèrent à trois heures du matin de faire transporter tous ces blessés à Orléans. M. de Villeneuve, qui avait accompagné la section, fut assez heureux pour découvrir dans Terminier trois grandes charettes. Les blessés y furent installés sur de la paille. Quelques-uns trouvèrent place dans les deux fourgons de l'ambulance, et à 4 heures du matin, on expédiait à Orléans, sous la direction de M. de Villeneuve, d'un docteur et de plusieurs infirmiers, 65 blessés qui venaient de subir, pour la plupart, de graves opérations. Le reste de l'ambulance retourna à Patay pour attendre les évènements et recueillir de nouveaux blessés. Plusieurs malades furent en effet ramassés, dont un, atteint de fracture comminutive à la partie supérieure de la jambe, dut subir l'amputation de cuisse. Malheureusement les Prussiens avançaient et il fallut laisser cet amputé à une ambulance irlandaise pour rentrer à pied et à jeun à Orléans, après une marche de 27 kilomètres environ. Mais l'ennemi se disposait aussi à y entrer, et M. Dron dut prendre à la hâte ses dispositions pour évacuer sur le midi tous les blessés et malades en état de supporter le transport. Il suivit lui-même, avec sa section, l'armée de la Loire dans sa retraite. Le général Martin des Paillières, commandant le 15ᵉ corps, l'engagea à se rendre à Vierzon où les troupes avaient l'ordre de se rallier. La deuxième section y arriva le 6 dans la journée, et prit le service d'une ambulance de 60 lits établie dans la maison de M. Frédérick Monnier. Deux jours plus tard, les Prussiens continuaient leur marche victorieuse et les malades s'enfuyaient. L'ambulance, réduite des deux tiers, fut confiée aux soins du docteur Burdel, de Vierzon, et la section lyonnaise prit la route de Bourges où s'achevaient des travaux de défense. L'intendance militaire, qui y était déjà installée, chargea M. Dron d'une vaste ambulance établie dans les bâtiments du manège, près la gare, où arrivèrent bientôt tous les malades et éclopés de l'armée en déroute. Dans l'espace de

15 jours, plus de deux mille malades ont été pansés à Bourges par la 2ᵉ section.

Les Prussiens ayant abandonné Vierzon, M. Dron fut chargé d'aller recueillir les blessés restés dans cette ville et les environs. Une escouade fut laissée à Bourges sous la direction des docteurs Schaack et Bravais pour continuer le service de l'ambulance du manège. On reprit l'ambulance de M. Monnier dont les lits furent rapidement occupés, et on dirigea sur Bourges les blessés susceptibles d'être transportés, ne gardant que les plus gravement atteints. Pour le traitement des lésions traumatiques, on eut recours aux irrigations d'eau phéniquée, et il ne survint ni tétanos, ni pourriture d'hôpital. Les conditions hygiéniques de cette ambulance furent du reste excellentes, et les malades généreusement traités aux frais de M. Monnier. Les maladies internes étaient de beaucoup les plus fréquentes, surtout les affections thoraciques, les fièvres typhoïdes, adynamiques et les pneumonies à forme ataxo-adynamique par suite des grands froids. Dans ces conditions, l'emploi de l'alcool produisit d'heureux résultats. Les varioles, rares d'abord, devinrent graves et fréquentes à la fin de décembre, et il fut nécessaire de créer pour elles une ambulance spéciale. ·

Le 4 janvier, sur les ordres de l'Intendance militaire, tous les malades transportables durent être évacués sur les hôpitaux du midi ; les autres furent confiés aux médecins de la localité, et la section se disposa à rejoindre le quartier-général à Besançon. En une semaine on évacua sur le midi 800 malades environ.

« A peine arrivés à Besançon, dit M. Dron, il fallut assister à une retraite et se remettre en marche avec la 1ʳᵉ division du 15ᵉ corps. Le voyage a été très-pénible par une route de montagne, dans la neige, à travers les pauvres villages d'Arguel, de Pugey, d'Epeugney et de Reugney, où la nourriture et les toits hospitaliers faisaient complètement défaut. »

On mit onze jours avant d'entrer à Pontarlier où se trouvait le

quartier-général et où abondaient les ambulances militaires et in-
nationales.

Le 1ᵉʳ février, M. Dron se remit en route avec l'armée qui se
dirigeait sur la Suisse. L'arrière-garde au milieu de laquelle il se
trouvait, fut attaquée par les Prussiens, près de village de la Cluse.
Les canons du fort de Joux empêchèrent la poursuite, mais une
partie du convoi et les voitures de l'ambulance tombèrent aux
mains de l'ennemi. Les Prussiens respectèrent la croix de Genève,
et le docteur Schaack, à la tête d'une escouade, rentra à Pontarlier
avec les chevaux et les voitures qu'il mit en sûreté. Il prit ensuite
la direction d'une ambulance établie dans le pensionnat des dames
de St-Maur où avaient été transportés les derniers blessés (1).

Parvenu en Suisse, M. Dron renvoya à Lyon les aides et les infirmiers de sa section, et revint à Pontarlier occupé par les Prussiens.
L'ambulance du pensionnat fut agrandie, et on y reçut 15 blessés
prussiens, 3 blessés français, un très-grand nombre de congélations
de pieds et plus de 200 malades. Une deuxième ambulance fut créée
dans la caserne des douaniers et renferma 150 malades environ,
atteints surtout d'affections internes. Les Prussiens qui leur avaient
généreusement fourni des aliments, quittèrent Pontarlier le 12 février
en emmenant leurs blessés. Les Français réoccupèrent la ville, les
ambulances militaires se réorganisèrent et le 20 février, la deuxième
section de la deuxième ambulance qui, malgré des fatigues et des
privations de toutes sortes, avait rendu de si importants services,
rentra définitivement à Lyon après avoir laissé en Suisse, sous la
direction de MM. les docteurs Courbon et Schaack, quelques-uns
de ses membres pour y soigner les Français internés à Sumiswald
et à Signau (canton de Berne).

Les deux sections réunies de la deuxième ambulance volante
dont l'expédition médicale a été plus courte que celle de la 1ʳᵉ am-

(1) Extrait du rapport de M. Dron sur la 2ᵉ section de la 2ᵉ ambulance lyonnaise.

bulance, ont dépensé un total de 50,263 francs (chiffre extrait du livre de compte de M. Bertaud).

Pendant que nos collègues prodiguaient leurs soins aux soldats blessés, le Comité de Lyon continuait ses travaux et abordait d'importantes questions. Une d'elles se présentait en première ligne, celle de la délivrance des insignes de la convention de Genève qui devenait de plus en plus difficile en présence d'incessantes sollicitations. Une Commission composée de MM. Léonce de Cazenove, Raoul de Cazenove, Jules Rolland, le docteur Léon Rieux et H. Morin-Pons, secrétaire, fut installée au palais Saint-Pierre pour examiner chaque demande et y faire droit s'il y avait lieu. Vous savez qu'aux termes de la convention de Genève, toutes les personnes envoyées en temps de guerre par la Société à la suite des armées ou des flottes doivent porter comme signe distinctif, au bras gauche, le brassard blanc avec croix rouge. Tous les dépôts, ambulances, hôpitaux, tout matériel distribué par les comités de secours, doivent également, pour être neutralisés, porter l'écusson et le sceau de la Société.

Un pareil moyen de protection, ambitionné parfois pour échapper à la surveillance et franchir librement les lignes des belligérants, devait être souvent illégalement porté : aussi de nombreux abus ont-ils bientôt provoqué un décret du Gouvernement de la Défense nationale, dont j'extrais l'article 6 :

« Les brassards ne seront délivrés aux ambulances volontaires volantes ou ambulances fixes de la société que par le Conseil supérieur de la société ou par ses délégués régionaux sous leur responsabilité. Ces brassards seront accompagnés d'une carte nominative qui sera signée et timbrée du délégué régional et de l'intendant militaire. En dehors du personnel de la société, de celui des diverses délégations et de celui des ambulances volantes, le gouvernement ne reconnaît le droit de porter le brassard et les insignes de la convention de Genève qu'aux présidents, vice-présidents, secrétaires et trésoriers des comités qui seront admis à s'affilier régulièrement à la société de secours et au personnel médical qui desservira les ambulances créées par ces Comités. »

Ces prescriptions ont été littéralement suivies par la Commission d'enquête. Un registre a été ouvert sur lequel les noms des personnes ayant obtenu les insignes ont été régulièrement inscrits avec un numéro d'ordre reproduit sur les brassards et sur les cartes qui portaient la signature de M. le Président d'Espagny, le timbre du Comité de Lyon ainsi que le visa de l'Intendance militaire. Outre les brassards donnés directement au début aux membres des ambulances volantes par M. le comte d'Espagny, 957 autres ont été délivrés ou seulement inscrits dans les conditions ci-dessus énoncées.

Le Comité médical s'occupa ensuite d'organiser le corps des infirmiers volontaires, conformément aux dernières instructions ministérielles, et de désigner aussi les médecins chargés du service médical des ambulances sédentaires au fur et à mesure de la mise en activité de ces dernières.

Ces nominations ont été souvent imposées par les personnes charitables ou les directeurs des établissements qui offraient leurs locaux. Elles ont été faites aussi d'urgence par le Comité des ambulances sédentaires auquel on s'adressait. Cette manière de procéder a fait naître parfois, non pas des conflits car il ne pouvait en surgir entre des Comités ou des confrères qui ne recherchaient que le soulagement plus immédiat des souffrances, mais des embarras et des ennuis par la nécessité de choisir entre deux collègues nommés chacun par une autorité différente. Je crois donc que, pour l'avenir, il serait plus rationnel et plus pratique de fusionner les deux Comités sous le titre collectif de Comité des ambulances qui comprendrait alors deux sections, une section administrative et une section médicale. Il y aurait ainsi plus d'unité dans les conclusions et plus de promptitude dans les résultats. Cette proposition qui a été mise un instant à l'ordre du jour d'une de vos séances, avait déjà rallié un certain nombre de membres, un des plus autorisés entr'autres, M. Rollet qui présidait avec tant de zèle et de tact le Comité médical en l'absence de M. Ollier.

Ici se trouvaient les noms des ambulances sédentaires et des médecins qui les ont visitées, ainsi que le chiffre des malades ou blessés qu'elles ont renfermés. Mais comme ce tableau figure déjà dans le rapport précédent de M. le docteur Desgranges, je ne l'ai pas reproduit afin d'éviter une répétition inutile.

Indépendamment des dons particuliers et du prix de journées alloué par l'intendance militaire, la création et l'entretien des 61 ambulances sédentaires, la gare non comprise, renfermant 1,803 lits, ont coûté au Comité de Lyon la somme de 42,198 fr. 20, somme importante, sans doute, au point de vue de nos ressources financières, mais bien minime si l'on songe au soulagement qui a pu être apporté aux souffrances de nos blessés.

Plusieurs ambulances ayant été visitées par le même médecin, comme aussi plusieurs médecins ayant été nécessaires pour la même ambulance, il en résulte, toute déduction faite, que 67 médecins seulement ont occupé les postes médicaux sédentaires. Sur un chiffre de 7,126 malades comprenant 182,000 journées de traitement, 375 décès seulement ont eu lieu, soit 5,26 0/0. Ces résultats aussi satisfaisants que possible, eu égard à la gravité des plaies et aux fâcheuses circonstances qui les ont compliquées, sont dus sans contredit aux soins éclairés des médecins, à l'empressement des personnes qui ont bien voulu prêter leurs concours, et enfin aux bonnes conditions hygiéniques des locaux acceptés par la Commission des Ambulances,

En dehors des blessures de guerre, les maladies ou états morbides qui figurent le plus souvent dans les différents rapports qui ont été adressés au Comité, sont les bronchites aiguës ou chroniques, les pneumonies, les diarrhées, les dyssenteries, les rhumatismes, les fièvres éruptives, les fièvres typhoïdes, et enfin certaines affections apyrétiques, mal déterminées et suivies d'une grande prostation que peut seule expliquer la brusque transition d'un état de bien-être à un genre de vie très-pénible.

Les levées ont du être faites précipitamment ; les conseils de révision avaient des ordres sévères, et le temps manquait souvent pour des examens sérieux. Aussi en est-il résulté beaucoup de non-valeurs absolues au point de vue de l'effectif de l'armée. Bien des jeunes gens, atteints de phthisie pulmonaire, d'hypertrophie du cœur, de faiblesse de constitution, ont payés bien chèrement l'exagération d'un élan patriotique. Ces fâcheuses prédispositions ont été rapidement aggravées par un concours fâcheux de circonstances défavorables. Chez nos soldats de l'armée de l'Est par exemple, la nutrition était altérée par des fatigues et des privations de toutes sortes, les forces plastiques étaient affaiblies dans leur activité synergique ; aussi beaucoup sont-ils rentrés dans nos ambulances dans un état de prostration typhique dont triomphait difficilement une alimentation largement réparatrice. Cette remarque n'a pas échappé à votre observation puisqu'elle est consignée dans la plupart des notes qui m'ont été remises.

La situation faite au pays par des événements dont on n'avait pas prévu les conséquences, ne permettait pas d'ailleurs d'agir autrement. Il fallait pour conserver nos frontières opposer le plus de soldats possibles aux ennemis envahisseurs.

La France avait eu malheureusement dans son prestige et dans sa puissance une confiance aveugle. Il est vrai que jadis un combat était une école de bravoure et d'héroïsme. On se battait à armes égales, autant que possible, et le vainqueur tendait généreusement la main au vaincu. Hélas, les temps ont bien changé ; les principes de la science militaire moderne tendent à faire de la guerre une

véritable école de destruction. C'est ce nouveau système de batailles
à l'artillerie qui a coûté à la France non préparée tant de sacrifices
et de ruines. Les malades se sont cruellement ressentis de la per-
fection des engins destructeurs. Au point de vue des effets chirurgicaux, les nouvelles balles ont été si désastreuses qu'elles ont fait
croire, tout d'abord, à l'existence de balles explosibles, mais les
différentes enquêtes auxquelles on s'est livré ont rejeté pour l'honneur de l'humanité l'invention d'un procédé de guerre dépassant
la cruauté des temps barbares.

Vous me pardonnerez, Messieurs, ces réflexions philosophiques
ou plutôt politiques en raison des connexions intimes qu'elles offrent
avec les faits étiologiques que nous recherchons, c'est-à-dire les
causes de l'affaiblissement physique et moral de nos blessés.

La variole qui a sévi si cruellement pendant quelques mois, n'a
pas épargné les membres qui ont prêté leurs concours à l'œuvre
du Comité. C'est ainsi que dans les ambulances de MM. Ollier,
Gayet et Christôt, dans les ambulances de la Gare, de l'École
vétérinaire, de la Providence Caille, de l'Archevêché, etc (1),
plusieurs ont dû payer au fléau un tribut heureusement faible
puisque parmi ceux atteints deux seulement ont succombé.

. . . .

Nous devons mentionner ici l'ambulance chirurgicale de la Charité
ouverte par les soins de M. Roë, administrateur de cet hospice. La
proximité de l'hôpital militaire et de la gare de Perrache désignait
ce local comme une annexe importante. M. l'économe s'occupa avec
zèle de l'aménagement de ce service supplémentaire, et les sœurs
acceptèrent avec empressement ce surcroît de travail et de fatigue. Il était d'autant plus facile d'attribuer, sans troubler le service

(1) A l'ambulance de Notre-Dame-des-Missions 8 orphelines et 2 sœurs ont été atteintes
par l'épidémie de variole qui y régnait, et ont heureusement guéri (Notes du docteur
Perroud).

de la Charité, une salle aux soldats malades ou blessés que la crainte du siége et les troubles démagogiques de la rue empêchant d'une part l'arrivée des enfants de la campagne, et de l'autre le départ de ceux qui étaient en ville, laissaient vides un grand nombre de lits.

La direction fut du ressort de l'administration qui confia le service chirurgical à M. Delore assisté des internes, des sœurs et d'un frère infirmier.

Ainsi constitué le service fonctionna, dit M. Delore, du 15 décembre 1870 au 31 juillet 1871. Quatre cents soldats environ, atteints de blessures ou d'affections chirurgicales diverses, furent assistés dans la salle Sainte-Amélie. Ils étaient adressés en majorité par le bureau d'entrée de l'Hôpital militaire. Un certain nombre était aussi envoyé directement de la gare de Perrache, enfin quelques-uns sortaient des ambulances de la ville.

Parmi les cas chirurgicaux intéressants cités par M. Delore, trois méritent d'être rapportés.

Le premier a trait à une résection de l'épaule chez un soldat de la ligne atteint par une balle qui frappant directement avait fracturé comminutivement la tête de l'humérus gauche. Cet opéré qui allait bien d'abord, finit par succomber à l'infection purulente.

Le second malade, plus heureux, avait une fistule stercorale, située à peu près au milieu de l'articulation sacro-iliaque droite et produite par un coup de feu. M. Delore débrida les tissus cicatriels et pénétra avec le doigt jusque dans la fosse iliaque d'où il retira plusieurs fragments osseux mobiles, et de forme variable. Un mois plus tard, la cicatrisation de la fistule était complète (1).

La troisième observation concerne un cas de fistule urinaire

(1) A propos de ce fait, M. le docteur Bonnaric a rappelé qu'il avait donné des soins dans son ambulance de Saint-Polycarpe à un zouave qui, atteint d'un coup de feu dans le flanc droit, avait eu aussi consécutivement une fistule stercorale, laquelle s'était rapidement cicatrisée au point de permettre au blessé de sortir convalescent malgré la conservation du projectile dans la cavité abdominale.

survenue chez un jeune soldat qui avait reçu une balle dans la région génito-urinaire. La fistule urétrale siégeait au milieu de la région scrotale ; elle était entourée de cicatrices, sa surface extérieure n'était guère séparée du canal que par une distance d'un millimètre. Le malade était faible, débilité, et éprouvait des pertes séminales. M. Delore pratiqua l'urétroplastie par un procédé spécial qu'il a appelé *suture à plusieurs étages*. Le malade a guéri complètement et sans rétrécissement (1).

Les documents incomplets, relatifs surtout au diagnostic des maladies, qui nous ont été remis soit par MM. les médecins, soit par MM. les Directeurs, ne me permettraient d'établir qu'une statistique inexacte et illusoire. Plusieurs ambulances n'ont encore pu m'adresser les renseignements que je leur demande depuis longtemps, et ces retards, il faut bien l'avouer, occasionnés par des raisons majeures, ne sont pas entièrement à la charge de nos collègues. Sans cesse distraits par l'écho des troubles civils, vivant au milieu des plus poignantes douleurs, retenus auprès de nombreux blessés, et obligés de pourvoir à des difficultés incessantes, les médecins se sont littéralement trouvés dans l'impossibilité de rédiger des rapports complets avec des observations cliniques à l'appui. La science a dû être sacrifiée aux devoirs plus impérieux de l'humanité. Des chiffres ont été seulement recueillis çà et là, et les anomalies pathologiques notées. Il ne pouvait en être autrement et nous savons un gré infini à ceux de nos confrères, notamment à MM. Lacour, Dime, Perroud, Pomiès, Bron, Serullaz, Lavirotte, Marduel, Icard, Blanchard, Teissier, Ravinet, Gubian, Bonnaric, Keisser, Coutagne, Poullet, Terver et Chappet, qui nous ont adressé sur leurs ambulances sédentaires des mémoires détaillés et empreints du langage scientifique.

(1) **Extrait du mémoire de M. le docteur Delore.**

Au début de la campagne, les malades n'arrivaient pas jusqu'ici. Ils étaient cependant, sinon désirés, du moins attendus, et chacun s'étonnait de n'en point recevoir. On ne se rendait pas compte de ce fait que les ambulances les plus éloignées ne pouvaient être destinées qu'aux blessés les moins sérieusement atteints ou aux convalescents, tandis que celles qui étaient le plus rapprochées du théâtre de la guerre recevaient tous les premiers malades, et surtout ceux dont les blessures graves excluaient tout transport. Mais ces impatiences ne furent malheureusement pas de longue durée, car les blessures de guerre ne tardèrent pas à se montrer dans de navrantes proportions.

Beaucoup d'ambulances sédentaires avaient d'abord désigné par avance les catégories de malades qu'elles entendaient accepter. Les unes ne voulaient admettre que des blessés à l'exclusion des maladies contagieuses ; les autres, que des malades ou des convalescents : toutes refusaient les vénériens. Il n'était pas toujours aisé de faire droit à de semblables désirs. Comment affirmer en effet qu'un convalescent ne sera pas pris, quelques jours après son entrée, d'une fièvre typhoïde ou d'une variole ? Toutefois, on a dû accéder à ces réclamations dans la limite du possible. Il fut convenu que les contagieux seraient retournés aux hôpitaux militaires ; un grand mouvement a donc eu lieu dans ces conditions, mais plus tard, en raison de l'encombrement, les ambulances ont dû accepter ou garder les malades qu'elles avaient primitivement refusés à l'exclusion des vénériens qui, comme précédemment, furent adressés à l'hôpital militaire pour être ensuite évacués sur les hôpitaux du midi.

Si la nature de nos fonctions nous fait les amis naturels et dévoués des malades, elle nous institue aussi leurs défenseurs quand leurs intérêts sont lésés.

L'autorité civile, bienveillante d'abord dans ses rapports avec

notre société de secours, montra plus tard à son égard un mauvais
vouloir dont on s'est plaint avec une légitime amertume Elle nous
priva successivement des vastes ambulances des frères de Caluire,
du grand séminaire, de l'établissement de la rue Ste-Hélène,
etc., dont on avait le plus pressant besoin. Les malades eux-
mêmes, que leur état de souffrance aurait dû sauvegarder, se res-
sentirent de ces fâcheuses dispositions et furent violemment expul-
sés de leurs salles, notamment aux Minimes, alors que les insignes
protecteurs de la convention de Genève flottaient sur les bâtiments
qui les abritaient, pour être remplacés tantôt par de jeunes soldats
valides, tantôt par des ouvriers employés aux cartouches. Dans ces
actes arbitraires éclatait moins un sentiment de patriotisme que
l'intention mal déguisée d'inquiéter les établissements religieux.

Ces agissements regrettables et de notoriété publique n'ont cessé
que devant la ferme attitude du digne président de la Commission
des ambulances sédentaires. De pareils abus de la force autoritaire
peuvent rester dans l'ombre quand ils sont dictés par d'impérieux
devoirs, mais s'ils mettent systématiquement en péril les intérêts de
l'humanité, la liberté de conscience et l'avenir d'une sage convention internationale, ils doivent être signalés à l'opinion publique, dans
un pays surtout qui prise tant la liberté.

Grâce à d'intelligentes interventions, les mauvais jours passèrent
et notre service médical ne fut plus entravé dans son activité.

Les balles extraites des plaies par armes à feu ont été de modè-
les variés. Selon M. Dron qui en a donné la description dans ses
Notes d'un chirurgien d'Ambulance, « les unes olivaires mais plus volumineuses à une extrémité, rappellent par leur forme le gland de
chêne revêtu de sa cupule. Ce sont les balles prussiennes du fusil
Dreysse. Elles pèsent 31 grammes, ont 27 millimètres de longueur
et 13 millimètres dans le grand diamètre transversal.

« Les autres, d'origine bavaroise, sont cylindro-coniques à sommet émoussé et à base excavée. Elles offrent près de celle-ci des sillons circulaires servant à fixer le fil qui relie le projectile à la cartouche. Leur poids est de 27 grammes 50, leur longueur de 22 millimètres, leur diamètre de 15 millimètres.

Le troisième modèle est la balle cylindro-conique du fusil Chassepot dont le poids est de 25 grammes, la longueur de 25 millimètres, et dont le diamètre est de 11 millimètres.

«Restent enfin les fragments d'obus qui, frappant obliquement, font moins souvent des lésions profondes (1). »

Les plaies causées par les nouveaux projectiles peuvent être classées en trois catégories :

1° Les plaies avec lésions simples ou comminutives des os et brûlure des parties ;

2° Les plaies avec écrasement et complication d'hémorragies ;

3° Les plaies avec corps étranger, tissus, éclats d'obus, etc.

Les plaies par armes blanches ont été tellement rares proportionnellement qu'elles ne doivent être mentionnées que pour mémoire.

Les trois classes de plaies dont il est question ont offert en général plus de gravité que dans les guerres précédentes. Les effets anfractueux, parfois considérables en surface, occasionnés par les éclats d'obus ont été expliqués par la présence de petits fragments osseux disséminés avec les morceaux de projectiles dans l'intérieur ou à la périphérie des membres atteints. Les hémorrhagies qui en ont été la conséquence n'ont pas été, en général, traitées par le perchlorure de fer. Dans des conditions aussi fâcheuses, les chirurgiens ont cru devoir rejeter, comme MM. Jarjavay et Verneuil, cet hémostatique qui, par suite des désordres de la plaie, ne pouvait produire que des fusées purulentes et des érysipèles consécutifs.

Les ouvertures faites par les nouvelles balles ont varié d'étendue et de nombre. M. Dron n'a pas remarqué entre l'ouverture d'en-

(1) Notes d'un chirurgien d'ambulance par le docteur A. Dron, de la deuxième ambulance lyonnaise, *Lyon-Médical.* Mai 1871.

trée et celle de sortie une différence aussi notable qu'il s'y attendait. Dans un grand nombre de cas, même pour les balles du Chassepot, il lui a été impossible de dire après l'inspection de la plaie
dans quel sens le blessé avait été frappé. M. le docteur Doyon a
fait la même observation. On a vu d'autre part une balle seule produire une, deux, quatre et même six ouvertures. M. Dron a rapporté le cas d'un blessé qui a reçu une balle par une ouverture naturelle, la bouche, laquelle balle est sortie à travers la joue ; il n'y
avait donc qu'un seul orifice formant plaie. M. Lacour a observé,
dans son ambulance de Jésus-Marie, un soldat qui avait eu les deux
épaules traversées par la même balle, d'où quatre ouvertures sans
lésions de la colonne vertébrale. M. Keisser, médecin de l'ambulance des sœurs de Bon-Secours, a également cité l'histoire d'un
garibaldien de 18 ans qui, à la suite d'un coup de feu, avait eu le
bras droit, le tronc et le bras gauche traversés, ce qui faisait 6 plaies,
3 d'entrée et 3 de sortie produites par le même projectile.

M. Ollier a confirmé ces faits en disant qu'ils n'avaient pas été
très-rares, surtout au début de la campagne.

L'extraction des projectiles n'est pas toujours facile et nécessite
parfois l'application du principe recommandé par M. Nélaton dans
sa pathologie chirurgicale, de remettre les parties blessées dans la
position qu'elles occupaient au moment du coup de feu. On sait
qu'Ambroise Paré fit l'étonnement des chirurgiens de son temps en
retirant par ce procédé une balle qui avait frappé à la poitrine
M. de Brissac, grand-maître d'artillerie, balle dont la présence avait
d'abord été méconnue. Pendant que j'étais chargé d'une division de
malades à l'hôpital militaire, j'ai eu l'occasion de mettre à profit
ce précepte sur un jeune mobile de la Savoie qui avait reçu une
balle dans le dos au moment où il attachait ses souliers. Je lui fis
reprendre cette même position ; le canal creusé laissa voir sa direction, et j'eus la satisfaction d'extraire avec une longue pince, sans
le secours du bistouri, une balle cylindro–conique placée sous la
peau et en-dessous de l'omoplate.

Les recherches les plus habiles ne permettent pas toujours de saisir les corps étrangers. Dans ces cas, la prudence conseille, plutôt que de trop prolonger l'examen, de les abandonner aux efforts de la nature qui les enkyste ou les élimine par suppuration.

Dans le traitement des plaies par armes de guerre, M. Christôt a eu beaucoup à se louer de l'emploi du drainage suivi d'injections phéniquées ou alcooliques dans le but de prévenir la fermentation sceptique (1). Les résultats lui ont paru aussi satisfaisants que possible, excepté toutefois dans les fractures comminutives intra-articulaires, lésions qui offrent en général beaucoup de gravité. Dans un cas où une synoviale articulaire avait été traversée sans qu'il y ait eu de lésions osseuses, il a fait des injections phéniquées qui ont amené la guérison. M. Laroyenne qui a eu aussi à soigner un blessé chez lequel la synoviale présentait deux trous sans lésion osseuse, s'est contenté de mettre le membre dans un bandage silicaté auquel il avait fait une ouverture. Les suites furent des plus simples et des plus heureuses. M. Laroyenne a néanmoins utilisé avec avantage la méthode du drainage en la faisant suivre d'une compression avec des bandes de caoutchouc.

L'influence de l'alcoolisme sur le traumatisme chirurgical a été plus considérable qu'on ne le pense généralement. Déjà M. Legouest avait rapporté dans son traité de chirurgie d'armée que les anglais avaient perdu en Crimée par suite de cette cause 27 à 28 0/0 de leurs opérés, et les Français, un chiffre beaucoup plus élevé 70 0/0. L'explication de si grandes différences dans les résultats statistiques ne saurait se trouver que dans l'état de plénitude ou de vacuité de l'estomac au moment de l'ingestion des liquides. L'Anglais absorbe les alcooliques en mangeant, tandis que le Français les boit à jeun, avant les repas, et les effets en sont par conséquent plus nuisibles.

Des observations, malheureusement trop fréquentes, sont venues

(1) Du drainage dans les plaies par armes de guerre, par M. Christôt, *Lyon-Médical*, Juin-Juillet 1871.

confirmer de nouveau dans cette dernière guerre la gravité du pronostic des lésions chirurgicales chez de malheureux soldats entachés d'alcoolisme.

Si les alcooliques pris avec excès ont produit des effets si funestes sur la santé de nos soldats, ils ont en revanche fourni des résultats très-satisfaisants dans le pansement de leurs plaies, principalement de celles qui n'ont pu échapper aux influences nosocomiales. Les irrigations alcooliques combinées avec des pansements au charbon et au quina, ou bien encore avec de la poudre de camphre, les irrigations phéniquées aussi, ont mieux réussies en général que les cautérisations par les acides, ou le fer rouge dans les plaies qui ont été atteintes de pourriture d'hôpital ; cette complication s'est malheureusement montrée pendant plusieurs semaines dans quelques ambulances sédentaires, notamment à l'ambulance suisse, où MM. Icard et Blanchard en ont signalé sept cas par suite de l'entrée d'un blessé infecté ; à l'ambulance de la Rédemption, où M. Bondet en a observé trois cas qui ont nécessité la dissémination immédiate des malades ; à l'ambulance d'Ecully, où M. Terver en a eu sept ; à l'ambulance du Comptoir d'Escompte, où M. Bron en a soigné plusieurs ; à Jésus-Marie, où M. Lacour en a eu un cas qui s'est terminé par la mort, enfin à l'hôpital militaire qui en a observé un certain nombre. Mais aussi presque tous ces malades, plus ou moins sérieusement atteints, ont guéri grâce aux lavages et aux pansements faits ainsi qu'il a été dit, grâce aussi aux aliments et médicaments analeptiques.

Le tétanos a été une complication beaucoup plus rare des plaies par armes de guerre. M. Ollier et M. Laroyenne ont bien perdu, par suite du tétanos traumatique, trois jeunes amputés après la bataille de Cussey, plus deux autres à Rougemont et quatre à Sully-sur-Loire ; mais M. Gayet n'en a eu qu'un qui a succombé à Poupry, et MM. Dron, Christôt et d'autres chirurgiens ne mentionnent dans leurs rapports aucun cas de cette affreuse affection. Il est vrai que la possibilité de ces constatations peut avoir manqué,

les malades n'ayant pas toujours été suivis jusqu'à complète guérison ; mais l'absence de tout autre détail prouverait toujours que
les faits à la charge de cette complication n'ont pas été très-
nombreux.

M. Sérullaz a eu dans son ambulance un cas de mort par le
tétanos dont il a raconté les détails au Comité médical. Il s'agissait d'un soldat chez lequel le même projectile avait fracturé les
deux os de l'avant-bras droit et était resté dans la cuisse gauche.
Au vingt-cinquième jour de son traitement, après une nuit extrêmement froide de 18 degrés, le trismus survint chez son blessé.
Traité de suite par le chloral, à la dose de 4 grammes pendant
deux jours, le mal parut d'abord augmenter, puis rester station-
naire pendant huit jours. Au bout de ce temps, le malade refusa
de prendre le chloral qui fut alors remplacé par l'opium à la dose
de 15 et 20 centigrammes ; mais le tétanos se généralisa, et le
malade mourut. Il est à regretter que ce blessé n'ait pas voulu
continuer plus longtemps une médication qui lui eût peut-être sauvé
la vie. M. Boinet a, en effet, obtenu dans des cas analogues
quelques succès avec le chloral continué plus longtemps et admi-
nistré à dose plus élevée. Ce savant confrère a communiqué à la
Société de chirurgie la relation de trois cas de tétanos traumatique
traités concurremment avec une sudation forcée par le chloral à
haute dose, soit 8 grammes par jour en moyenne. Les blessures
provenaient d'éclats d'obus et les projectiles avaient été extraits.
Le tétanos s'était développé à une époque tardive, dix jours seulement après la blessure, et à la suite d'un abaissement de température pendant la nuit. Des trois malades, deux ont guéri, un seul
a succombé. Il y aurait donc possibilité de guérir, sous l'influence
des anesthésiques associés à une diaphorèse abondante, cette forme
de tétanos primitivement chronique.

Les cas de congélation ont été extrêmement nombreux surtout
pendant les derniers mois de la campagne, époque à laquelle les
marches forcées sont venues s'ajouter à un refroidissement consi-

dérable de l'atmosphère. Presque toutes nos ambulances sédentaires ont reçu des congelés. En présence de ces blessures de guerre d'une nature spéciale, quelle conduite tenir? Faut-il opérer les gangrenés par congélation? Telle est la question pleine d'actualité que se sont posés les médecins, et qui a été discutée soit au Comité médical, soit à la Société des Sciences médicales sans être définitivement résolue.

Les uns en effet veulent avec M. Sédillot et la plupart des chirurgiens d'armée amputer au-dessus de la partie gangrenée, et dès la fin de la première période. Ils donnent pour raison de leur prompte intervention les douleurs violentes, les suppurations longues et abondantes, et enfin les conséquences éloignées de l'abstention relatives au moignon.

Les autres avec Bérard et Deuovilliers, Follin, Nélaton, etc. refusent l'intervention chirurgicale et conseillent l'expectation pour laisser à la nature seule le soin *d'éliminer* les parties sphacélées.

A la Société des Sciences médicales, M. Létievant a proposé une conduite *mixte* à laquelle il a donné le nom d'intervention secondaire (1). Cette intervention, dit-il, aura lieu à une époque très-précise et qu'il sera facile de bien déterminer. On n'agira ni pendant la production de la gangrène, ni au moment du cercle inflammatoire de délimitation, ni pendant la formation du sillon de séparation. Mais lorsque ce sillon complètement creusé aura dénudé les os, quand la surface vivante de ce sillon sera recouverte d'une couche granuleuse de bon aspect, lorsque l'état général du malade se relèvera un peu de cette dépression qui accompagne les premières périodes du sphacèle, alors le moment d'agir sera venu. L'existence simultanée de ces trois caractères en est l'indication la plus positive. L'opération pratiquée dans ces conditions diminuera les dangers auxquels expose l'abstention, et produira un moignon régulier et propre à recevoir, plus tard, un appareil prothétique. »

L'opinion nettement formulée de notre savant confrère est cer-

(1) Société des Sciences médicales, avril 1871. Discussion sur la congélation des pieds.

tainement très-fondée lorsqu'elle s'applique à la gangrène des membres, mais elle est perd beaucoup de sa valeur, si l'on a affaire à une congélation de petites articulations, d'un ou plusieurs orteils par exemple, ce qui s'est présenté le plus fréquemment. Dans une pareille alternative, l'expectation doit être évidemment préférée à l'amputation, et cette ligne de conduite qui a été généralement suivie par les médecins ou chirurgiens qui ont eu à soigner des cas de ce genre, a été récompensée par des succès constants.

A propos de la congélation des membres, MM. Bouchacourt et Rollet ont appelé l'attention du Comité médical sur un phénomène particulier dont se sont plaints plusieurs fois les malades atteints de cette affection. Il consiste dans une sensation prolongée de froid dans le dos accompagnée de douleurs très-vives le long des os, en avant et en arrière, et résistant parfois à tout traitement. Celui qui a paru le mieux réussir est la médication par les opiacés soit à l'extérieur, soit à l'intérieur.

Les fractures graves et par suite les amputations ont été très-nombreuses.

Un de nos distingués collègues, M. le professeur Foltz, a émis dans une de vos séances l'opinion que le chiffre des amputations avait été excessif et les résultats désastreux, que l'abstention eut été préférable dans beaucoup de cas, qu'en un mot on n'avait pas fait une assez large part à la chirurgie conservatrice. Il a rapporté à l'appui de cette dernière allégation un fait de conservation d'un bras atteint d'une blessure très-grave qui eut certainement amené l'amputation sur le champ de bataille. Avec une sage temporisation, il a obtenu un résultat très-favorable.

Sans rejeter la justesse de ces observations, il convient de faire remarquer qu'en raison de la rapidité des événements militaires, le choix n'a pas toujours été possible. Ce reproche des opérations précipitées est bien plus encore, comme l'a fait observer M. Pétrequin, à l'adresse des chirurgiens prussiens qui eux aussi ont fait l'aveu d'une mortalité effrayante. Le traumatisme ne doit pas être seul incriminé dans ces tristes résultats, mais bien encore un ensemble de mauvaises conditions. Ainsi les malades étaient souvent mal nourris, quelquefois même privés de toute alimentation. Les blessés bien que relevés immédiatement après le combat n'en restaient pas moins fort longtemps exposés aux intempéries. Les moyens de transport n'étaient ni prompts, ni commodes, et occasionnaient souvent des hémorrhagies très-graves. Puis enfin, Messieurs, il faut bien l'avouer, la chirurgie des vaincus est, ainsi que vous le disait très-bien M. Gayet, le plus souvent désespérante.

La chirurgie conservatrice moins dramatique mais plus humaine, exige certainement plus de soins et de temps de la part du chirurgien, mais si les circonstances permettent d'y avoir recours, elle doit être préférée par la raison décisive qu'elle parvient souvent à sauver un membre toujours utile.

Dans tous les cas, ce ne serait pas l'école de Lyon qui devrait être mise en cause dans ces accusations d'opérations trop radicales, car les jeunes chirurgiens qui lui appartiennent ont souvent tenté pendant cette guerre de conserver des membres brisés en pratiquant un grand nombre de résections, notamment MM. Laroyenne, Léon Tripier, Gayet, Dron, Christôt, Delore, Félix Bron et M. Ollier surtout dont les travaux sont venus éclairer d'un jour nouveau la chirurgie conservatrice, cette conquête de la chirurgie contemporaine.

A propos d'une fracture comminutive du fémur consolidée à angle droit et citée par M. Bron, M. Pétrequin a exposé ses idées sur l'avantage qu'on peut retirer du ramollissement des tissus occasionné par la présence des esquilles pour exercer des tractions progressives et prévenir ainsi les consolidations à angle droit. Dans des cas de ce genre, M. Bouchacourt a souvent fait avec succès, chez les enfants surtout, des scarifications du cal provisoire suivies de tractions modérées.

Ces discussions qui ont parfois animé vos séances ont démontré que le travail d'organisation des services médicaux n'avait nullement entravé l'étude des questions scientifiques.

Dans le but d'éviter un encombrement qui était à craindre, le Comité directeur nous chargea d'écrire aux maires et aux médecins du département du Rhône pour les instruire de ce que nous avions fait déjà, et les disposer à recevoir les blessés ou malades que les événements nous obligeraient peut-être à leur confier. Nous fîmes donc un pressant appel à leur patriotisme en les engageant à unir leur dévouement et leurs efforts pour la création immédiate d'ambulances supplémentaires (1).

(1) Cette double circulaire était ainsi conçue :

Cher et honoré Confrère,

Les moments sont précieux. Dans peu de jours les Prussiens peuvent être à nos portes, c'est vous dire qu'il y a urgence à vous occuper du sort des blessés qui vous seront confiés. La Commission médicale ne vient pas faire appel à votre dévouement, car elle sait qu'il lui est acquis d'avance, mais elle vous prie instamment de vouloir bien vous entendre avec le maire de votre localité pour y organiser une ambulance sédentaire. S'il n'est pas donné au médecin de tenir haut et ferme devant l'ennemi le drapeau de la nation, il lui est du moins dévolu le mandat non moins glorieux d'étancher le sang qui a coulé pour sa défense. C'est un privilége dont il est fier en ce moment, et qu'il doit tenir à honneur de ne céder à personne.

Prenez donc au plus tôt vos dispositions et inspirez-vous de cette belle et noble pensée que le médecin dans l'exercice de ses fonctions, ne connaît plus ni partis ni divisions, et que devant lui tous les malades sont des frères égaux par la souffrance.

J'adresse en même temps une circulaire à tous les maires de votre département pour solliciter leur concours et les prier de seconder vos efforts. Dès que vous serez prêt, le Comité directeur vous adressera le brassard règlementaire que l'ennemi connaît et qu'il estime surtout parce qu'il voit qu'il est sur le champ de bataille le signe du courage et du dévoument. Il sera pour vous un utile sauf-conduit dans les dangers que vous pourriez courir.

Veuillez agréer, cher confrère, l'assurance de notre haute considération.

Le Secrétaire général de la Commission médicale
des secours aux blessés militaires,
Docteur Léon RIEUX.

Lyon, le 14 octobre 1870.

Monsieur le Maire,

Au nom du Comité de secours aux blessés, nous venons faire un pressant appel à vos sentiments de patriotisme et d'humanité.

Vous savez avec quelle touchante sollicitude le Comité central de Paris, à la tête duquel figurent les noms les plus illustres de France, s'est occupé de la grave et importante question des secours à porter aux braves défenseurs de la patrie. Le corps

En réponse à nos sollicitations, nous reçûmes près de 800 lettres d'adhésions empressées, ou de demandes de renseignements auxquels il fallut faire droit. Pour obvier à tout retard, on nomma une Commission, dite de correspondance, chargée de répondre dans le plus bref délai à toutes les requêtes concernant notre œuvre.

Elle était composée de MM. Léonce de Cazenove, H. Morin-Pons, E. Vernet, Raoul de Cazenove, le docteur Léon Rieux et Carrel, adjoint.

Les Sous-Comités voisins, entre autres ceux de St-Etienne, de

médical a offert spontanément son concours gratuit et fidèle à ses antécédents, il a dignement rempli sa mission. Devant l'explosion de ces légitimes manifestations, le Comité de Lyon ne pouvait rester en arrière; aussi, dès les premiers jours de cette lutte meurtrière, s'est-il mis à l'œuvre avec un empressement et une activité qui ont excité l'admiration générale.

Il a décidé d'abord la formation d'ambulances mobiles destinées, non plus comme celles de Paris, à suivre les corps d'armées, mais seulement à intervenir rapidement, après une bataille à un endroit désigné soit par le ministre de la guerre, soit par le Comité central de Paris dont un délégué principal siége à Tours.

Dans ces conditions de secours temporaires, les opérations urgentes seront pratiquées près du lieu du combat, et l'ambulance ne séjournera que jusqu'au moment où les blessés pourront être transportés sans danger dans les hôpitaux voisins. Deux ambulances de ce genre, dirigées par nos sommités chirurgicales, sont complètes, équipées et n'attendent plus que l'occasion de faire preuve de dévouement. La première est déjà partie, emportant les sympathies et les espérances de la cité lyonnaise.

La Commission médicale s'est ensuite préoccupée des ambulances sédentaires. Elle en a établi dans l'intérieur de la ville un certain nombre qui seront bientôt en état de fonctionner. Elle s'est, en outre, chargée de faire donner des secours médicaux aux familles nécessiteuses de tous ceux qui sont sous les drapeaux; la ville a été divisée, à cet effet, en dix sections, visitées gratuitement par 135 médecins et plusieurs dames patronesses.

Ai-je besoin d'ajouter, M. le Maire, que le vif intérêt que méritent à tant de titres les victimes directes et indirectes de cette cruelle guerre, a attendri tous les cœurs et fait ouvrir toutes les bourses. La générosité du caractère français s'est affirmée une fois de plus.

En vous communiquant ces données, la Commission espère que vous voudrez bien vous inspirer de ces nobles exemples. Pendant la crise douloureuse qui convulsionne la France, Lyon peut, d'un jour à l'autre, être investi par l'armée ennemie et, dès lors, tout rapport cesserait d'être avec le reste du département; il importe donc beaucoup que vous puissiez vous mettre de suite au courant de tout ce qui s'est fait ici pour améliorer le sort des blessés. Evidemment il ne s'agit pas pour vous d'organiser des ambulances mobiles, vous n'en auriez ni le temps, ni les moyens; mais il vous sera facile de choisir dans votre localité un établissement public ou privé, suffisamment aéré et se trouvant dans de bonnes conditions hygiéniques pour servir d'ambulance sédentaire. Les médecins qui vous entou-

Vienne, de Villefranche, de Bourg, entraînés par l'exemple du Comité Lyonnais, nous envoyèrent des députations et souvent même leurs présidents avec la mission de recueillir des instructions pour l'organisation de leurs Ambulances volantes ou sédentaires.

Les nombreuses missives que nous avions fait partir de Lyon comme circulaires préfectorales, franchirent par erreur les limites territoriales attribuées au Comité de Lyon, et ne tardèrent pas à susciter quelques réclamations ombrageuses. — On nous prêta l'intention d'avoir voulu transporter à Lyon, à cause de l'investissement de Paris, le siége du Comité central de la Société de secours aux blessés. Il nous a été facile de repousser cette insinuation. — Nous avons loyalement répondu que notre intention avait été de rendre service à des confrères embarrassés, que la circonscription de Lyon comprenant primitivement la 8ᵉ division militaire, ne renfermait pas moins de cinq départements relevant de notre ressort, et qu'à tout bien considérer, nous nous réjouissons d'avoir contribué à réveiller la vitalité de certains Comités qui donnaient si peu signe de vie que les membres qui en dépendaient nous adressaient journellement, bien avant l'envoi de notre circulaire, des demandes

rent seront heureux de répondre à votre généreuse initiative et de vous aider dans votre tâche. Unissez donc vos dévouements et faites converger vos efforts communs pour la création immédiate d'une œuvre actuellement nécessaire et propre, en même temps, à réveiller une des plus belles vertus républicaines, le sentiment de la fraternité.

Persuadé que vous voudrez bien vous associer à ses intentions philanthropiques, le Comité du Rhône vous remercie d'avance de votre précieuse coopération.

Tous les renseignements dont vous aurez besoin vous seront transmis, soit par correspondance, soit directement, au secrétariat du Comité, au Palais-Saint-Pierre, de midi à deux heures. Pour le moment, préparez des lits, de la charpie, du linge et provoquez des souscriptions.

Veuillez espérer, M. le Maire, l'assurance de notre haute considération.

Le Secrétaire général de la Commission médicale,
des secours aux blessés militaires.
Docteur Léon RIEUX.

Lyon, le 20 octobre 1870.

Circulaire contresignée par M. le préfet du Rhône, M. le président d'Espagny, et MM. les membres du Comité directeur.

urgentes de brassards. Notre délégué régional, M. Vernes d'Arlandes, est venu peu après tranquilliser nos scrupules en assurant que tout ce qui avait été fait et promulgué par le Comité de Lyon, l'avait été avec réflexion et prudence, et ne serait pas atteint par le nouveau décret.

Sur la décision du Comité directeur, nous n'en adressâmes pas moins une deuxième circulaire pour expliquer la nécessité de créer dans les localités importantes du département du Rhône des comités auxiliaires, dont le président se mettrait directement en rapport avec le Comité de Lyon, et recevrait sous sa propre responsabilité, pour les distribuer ensuite aux ayants-droit, les insignes de la Convention de Genève (1).

Nous avons en même temps fait un nouvel appel à des dons en nature qui nous arrivèrent bientôt en abondance.

(1) Ci-joint la reproduction textuelle de la deuxième circulaire.

Le 14 octobre dernier, une circulaire a été adressée par le Comité sectionnaire de Lyon, aux maires et aux médecins du département du Rhône pour les prier d'organiser des ambulances sédentaires. Cet appel à leurs sentiments de patriotisme et d'humanité a été entendu et de tous côtés lui sont arrivées des lettres pleines de vives protestations de zèle et d'abnégation.

En présence des malheurs qui accablent la patrie, il ne pouvait en être autrement. Le Comité de Lyon, heureux d'avoir ainsi contribué à de nouvelles adhésions, remercie avec effusion ses dévoués coopérateurs.

Des renseignements de plus en plus nombreux nous sont chaque jour demandés relativement à la création d'ambulances, au port de brassards et aux Statuts de la convention de Genève. Dans l'impossibilité de répondre à tous, nous empruntons la voie des journaux pour faire connaître les décisions suivantes du Comité de Lyon concernant ces diverses questions :

1° Toute offre de 25 lits au moins, en dehors de Lyon, sera transmise à M. l'Intendant militaire qui se mettra en rapport avec M. le directeur de l'ambulance et avisera, soit pour l'envoi des malades, soit pour les prix de journée ou autres frais. Les ambulances d'un chiffre inférieur, si elles sont dans Lyon, auront à s'adresser à la Commission des ambulances sédentaires pour le service du matériel, et à la Commission médicale pour le service médical. Si elles sont en dehors de Lyon, elles devront pourvoir elles-mêmes à leur matériel et à leur entretien, soit avec le prix de journée, soit au moyen de souscriptions communales ;

2° Le brassard étant une sauve-garde devant l'ennemi, mais devenant aussi un danger pour celui qui le porte sans en avoir le droit, ne peut être délivré qu'avec les plus grandes garanties. Il ne doit être remis que par le président d'un Comité auxiliaire. Il devient donc

Pendant les longs jours de cette cruelle guerre, le rôle de la chirurgie lyonnaise a été considérable, et ce rôle, Messieurs, nous devons tous être heureux de le constater, doit être surtout attribué aux qualités personnelles de nos chefs d'ambulances et des

indispensable de provoquer la formation de ces Comités, dont le président entrera ensuite en relations avec la direction de Lyon et recevra, par son intermédiaire, les brassards qu'il distribuera lui-même, en temps opportun, aux ayants-droit, sous sa propre responsabilité.

Les médecins ou employés d'ambulances de Lyon, faisant partie de la Société internationale et versant, par conséquent, une annuité de six francs, recevront leurs insignes au début du siége. Il est important de rappeler qu'ils ne devront s'en servir que dans l'exercice de leurs fonctions et que, par suite d'une circulaire récente du Gouvernement de Tours, ceux qui porteraient illégalement le brassard seraient immédiatement arrêtés par la gendarmerie.

3° Les Statuts de la Société de secours aux blessés militaires, ainsi que les règlements du Comité central de Paris et du Comité sectionnaire de Lyon sont, en ce moment, de la part de ce dernier, l'objet d'un petit opuscule qui paraîtra sous peu et sera mis à la disposition, des intéressés. Ils y trouveront les indications qu'ils réclament et pourront, de plus constater les glorieux résultats d'une œuvre qui porte sur les champs de bataille le drapeau de la civilisation moderne.

Si le Comité de Lyon a sollicité le précieux concours des Comités auxiliaires, il s'empresse aussi de les prévenir qu'il compte sur les secours de toutes sortes dont ils pourraient disposer et qui, s'ils n'étaient utilisés à Lyon, seraient répartis plus tard entre les Comités éloignés qui en seraient privés.

Nous avons en ce moment un pressant besoin de linges, principalement de pièces de toile et de pièces de coton, de draps, de chemises. Les flanelles et les couvertures nous manquent et déjà le froid se fait sentir. A défaut de linges, les offres d'argent seront acceptées avec reconnaissance.

Nos ambulances mobiles ont emporté une bonne partie de nos approvisionnements. Nos ambulances sédentaires, occupées par 630 malades environ, absorbent, de leur côté, un matériel considérable.

Nous achevons en ce moment l'organisation des ambulances de siège, destinées à se porter sur les points attaqués. Indépendamment des ressources qui seront fournies par les Comités départementaux, il faut aussi que la cité lyonnaise, déjà si cruellement éprouvée, vienne encore à notre aide. Chacun, du reste, a sa part d'intérêt dans le bien qui peut être fait, dans le soulagement qui doit être apporté aux victimes de la guerre.

Nous en sommes certains d'avance, chacun voudra faire son devoir, et ces nobles élans du cœur resteront un jour dans l'histoire des peuples comme les traits distinctifs du caractère français.

Le Secrétaire général de la Commission médicale
de secours aux blessés militaires,
Docteur Léon RIEUX.

Le Secrétaire général du Comité de Lyon,
Léonce DE CAZENOVE.

Le Président,
Comte D'ESPAGNY.

Lyon, le 10 novembre 1870.

médecins qui les assistaient. Aussi les noms des localités ou des établissements qui ont été le théâtre des travaux de nos honorables confrères resteront-ils dans l'histoire des ambulances comme des souvenirs de loyauté, de dévouement et d'abnégation? J'insiste sur ce dernier mot, parce qu'il exprime un fait consolant au milieu de nos malheurs, c'est que tous nos services médicaux sans exception ont été complètement gratuits, résultat qui contraste un peu avec la décision prise dans le nord et le midi de la France d'allouer des appointements mensuels aux chirurgiens de quelques ambulances.

Dans un article, fort remarquable du reste, que M. Léon Le Fort vient de publier dans la *Revue des Deux-Mondes,* sur le service de santé dans les nouvelles armées européennes, se trouvent quelques lignes qui nous ont d'autant plus attristé qu'elles sont écrites par un chirurgien d'une grande autorité.

Il est dit, par exemple, dans un passage que l'expérience qui vient d'être faite a été pour la Société internationale de secours un échec complet.....

L'exposé des éclatants services rendus par nos ambulances lyonnaises prouvant surabondamment que les dévouements n'ont pas été tout à fait stériles vient heureusement protester contre une opinion entachée d'un radicalisme par trop absolu.

Nous reconnaissons volontiers avec notre distingué confrère, que des abus et des désordres ont pu se produire dans quelques grandes ambulances, mais il voudra bien nous faire cette concession, que le blâme qu'il semble généraliser ne saurait atteindre nos ambulances lyonnaises qui toutes ont fait consciencieusement leur devoir.

Comme lui, nous appelons de tous nos vœux de promptes réformes dans l'organisation de la chirurgie militaire. — Nous désirons aussi voir apporter dans le service médico-chirurgical des ambulances créées par la convention de Genève de nombreuses et importantes améliorations, telles que la création de détachements de soldats brancardiers, d'hôpitaux d'étapes, et d'un système nouveau ou plus complet d'évacuation comprenant des wagons spéciaux pour le transport des blessés et des *varioleux;* mais nous espérons bien que ces désiderata une fois accordés, il ne sera pas nécessaire d'en arriver à la suppression des ambulances volontaires, comme le demande M. Le Fort — les ambulances militaires et les ambulances civiles soumises à des autorités plus compétentes, c'est-à-dire, à des directions chirurgicales uniques et souveraines, sont au contraire destinées à se prêter un mutuel appui pour obtenir un jour des résultats plus importants encore que ceux qui ont été réalisés pendant cette dernière guerre.

Un trait qui démontre jusqu'où a été porté le désintéressement des personnes qui ont bien voulu prêter leur concours est le suivant : — Un premier crédit de 2,000 francs avait été voté pour venir en aide aux infirmiers nécessiteux, Eh bien, messieurs, le chiffre des demandes que j'avais mission de contre-signer a été tellement restreint que pendant le cours de la guerre, malgré le nombre considérable d'infirmiers gênés, cette faible somme a plus que suffi pour les besoins urgents, et encore, faut-il ajouter que parmi les personnes secourues se trouvaient plusieurs alsaciens d'autant plus dignes d'intérêt qu'ils étaient alors privés de toute communication avec leurs familles.

Ce que nous affirmons de la délicatesse des infirmiers de nos ambulances sédentaires, on peut également le dire de l'exquise probité de ceux de nos ambulances volantes.

Ces faits contrastent encore singulièrement avec le portrait des infirmiers volontaires tracé par M. Le Fort. « Quant aux infirmiers volontaires, dit-il, nous préférons ne pas en parler ; on ne peut imaginer un plus énervant contraste avec les Frères de la doctrine chrétienne si admirables pendant le siége de Paris. Sauf quelques honorables exceptions, on ne pouvait trouver plus belle collection de paresseux et d'ivrognes, plusieurs pratiquaient le vol en gens expérimentés, et un certain nombre n'étaient que des pirates de champ de bataille, dépouillant plus volontiers les morts qu'ils ne soignaient les vivants... »

Ce qui a lieu de nous étonner dans ces résultats inattendus, ce n'est certainement pas la conduite si digne d'éloges des Frères de la doctrine chrétienne ou des aumôniers des ambulances, mais bien plutôt l'incurie de ceux qui ont choisi ou accepté sans renseignements suffisants des auxiliaires aussi avilis que ceux dont il a été question.

Nos échecs successifs déterminèrent les Prussiens à marcher sur Lyon, — la situation devenait menaçante, et notre ville qui pour se couvrir avait envoyé ses braves légions, se préparait à une vigoureuse résistance. — Dans sa séance du 28 octobre, sur la proposition de M. Delore, le Comité médical décida la création d'une ambulance de siége. — Après un premier rapport de notre honorable confrère, une Commission composée de MM. les docteurs Bouchacourt, Delore, Pétrequin, Guyenot, L. Meynet, Rollet, L. Rieux et Christôt, le jeune chirurgien de cœur et d'avenir que nous pleurons encore, fut chargée d'étudier la question au point de vue administratif et médical. M. Christôt, élu secrétaire général de l'ambulance, donna lecture d'un excellent travail à la suite duquel le Comité fit les nominations suivantes :

QUARTIER GÉNÉRAL.

M. Léon Riboud, directeur administrateur ;
MM. les docteurs Rollet, directeur médical ;

> Delore, directeur du personnel médical ;
> Guyenot, directeur du personnel infirmier ;
> Monfalcon, médecin consultant ;
> Christôt, secrétaire général ;
> Meynet, secrétaire-adjoint.

MM. Cartaz, pharmacien en chef;

    Lilienthal, comptable;

    Mortamet, directeur de la lingerie.

Deux interprètes polyglottes furent attachés aux ambulances de siége.

Le service religieux était assuré par M. le curé de Saint-Bonaventure et MM. les aumôniers du Lycée.

Deux pasteurs protestants avaient également promis leur concours.

M. Rollet aurait donc eu le même poste que celui qu'occupait, au premier siége de Lyon, le chirurgien Desgranges qui, après de méritants services, fut longtemps interné en Suisse d'où il revint plus tard à Lyon, entouré de la considération publique.

On choisit à l'unanimité pour lieu central de réunion et de direction la vaste salle de la Bibliothèque de la Ville. L'espoir de conserver à l'abri de la croix de Genève les richesses qu'il renfermait, n'avait point été étranger au choix de ce bel édifice. — Deux crédits de 1,500 francs furent alloués par le Comité directeur pour une installation dans de bonnes conditions, et l'achat des matériels ; — d'heureux marchés conditionnels rendirent cette somme plus que suffisante, puisque les dépenses effectuées n'ont pas excédé 2,100 francs.

Les Suisses et les Italiens en résidence à Lyon entraînés par l'exemple de MM. Vernet et Tedeschi, offrirent avec empressement leur concours pour secourir les victimes du siége, concours qui eut été très-utile pour le service ordinaire et pour la réserve des besoins excessifs, ou des vides faits par la mort, et que rendaient plus précieux encore les récents décrets sur le service de l'armée et de la garde nationale sédentaire. — Sur 140 infirmiers inscrits et acceptés par M. Guyenot, les deux tiers appartenaient à ces deux nationalités. Tout le personnel avait pris l'engagement d'obéir à une discipline militaire avec pénalité consistant suivant la gravité des délits, en avertissement, perte du brassard avec renvoi, et renvoi avec publicité des motifs.

Lyon et la partie de son territoire comprise entre les lignes de ses fortifications et de ses travaux de défense avaient été divisés en quatre secteurs.

Le premier s'étendait sur la rive gauche du Rhône et comprenait les Brotteaux, les Charpennes et la Guillotière ; son vaste périmètre circonscrivait Cusset, Villeurbanne, Mont-Chat, Monplaisir, Saint-Alban et Saint-Fons.

Le second renfermait la partie de Lyon qu'enserrrent le Rhône et la Saône, depuis le pont de la Mulatière jusqu'à la Croix-Rousse, à Cuire et à Caluire.

Le troisième s'étendait sur la rive droite de la Saône, depuis le port Mouton et la route de la Demi-Lune, en remontant vers Rochecardon, St-Cyr, Limonest, St-Rambert, St-Romain et Couzon.

Le quatrième enfin était situé sur la rive droite de la Saône et du bas Rhône, et allait jusqu'à la Mulatière et Oullins, comprenant les quartiers de Saint-Paul, Saint-Jean, Saint-Georges et les plateaux de Saint-Just, Champvert et Sainte-Foy.

Cette subdivision topographique, dit M. Pétrequin, était nécessaire à plusieurs points de vue, — elle avait l'avantage de simplifier le travail en le divisant ; elle était utile pour faciliter le classement du personnel de chaque ambulance, pour régulariser l'inspection des délégués éclaireurs ainsi que leurs rapports sur les ambulances tant provisoires que définitives. — Enfin, elle n'était pas moins utile pour préciser les points ou l'état-major de l'armée et celui de la garde nationale pourraient faire appel à l'intervention des ambulances pendant le siége (1).

(1) Extrait de la première conférence sur les ambulances Lyonnaises de siége par le docteur Pétrequin.

Chacun de ces secteurs avait une ambulance de siége composée ainsi qu'il suit :

1er SECTEUR.

> *Chirurgien en chef.* . . M. Delore.
> *Adjoint* . . . . M. Icard.

Médecins :

MM. Astier, Chappet, Nodet, Perroud, Soulier, Hygonin père.

Délégués éclaireurs :

MM. Boffard et Chartron.

Eclaireur-adjoint :

M. Jalabert.

Pharmaciens :

MM. Cotton, Godard.

Aides-majors :

MM. Garnier, Jomard, Leriche, Madier, Patel, Poncet, Rouquette, Roux.

Sous-aides :

MM. Aillot, Biot, Courjon, Liquier, Lutaud, Perret, Pourchat, de Rossignol, Taillard, Wezick.

Infirmiers-majors :

MM. Carrel, Garnier.

Deux infirmiers-majors adjoints.

Infirmiers français, italiens et suisses, au nombre de 40 environ.

10

2ᵉ secteur.

Chirurgien en chef. . .   M. Pétrequin.

Adjoint . . . .   M. Foltz.

Médecins :

MM. Boucaud, Chiara, Clooten, Diday, Mayet, Morel.

Délégués éclaireurs :

MM. Chaze et Vindry.

Pharmaciens :

MM. Chevalier et Coudour.

Aides-majors :

MM. Aillaud, Delorme, Filliat, Hollard, Marty, Mollard, Ravet, Reynaud, Veyret, Viollet, Weil.

Sous-aides :

MM. Bermond, Chazal, Favre, Galland, Lefèvre, Narboni, Peyrot, Tollin.

Infirmiers-majors :

MM. Marty et Viollet.

Deux infirmiers-majors adjoints.

Infirmiers français, italiens et suisses, environ 40.

3ᵉ secteur.

Chirurgien en chef. . .   M. Rollet.

Adjoint . . . .   M. Christôt.

Médecins :

MM. Bondet, Burlet, Clermont, L. Meynet, Nayrand, Vernay, Hygonin fils.

Délégués éclaireurs :

MM. Germain de Montauzon et Vial.

Pharmaciens :

MM. Dalloz et Vezu.

Aides-majors:

MM. Barbarin, Burlet, Dumarais, Féa, Magnin, Néron, Neyret.

Sous-aides :

MM. Bernard, Chappet fils, Chapuis, Grand, Lapie, Marthelin, Millot, Rabasse, Reuter, A. Robert.

Infirmiers-majors:

MM. Alquier et Milliat.

Deux infirmiers-majors adjoints.

Infirmiers français, italiens et suisses, environ 40.

4ᵉ SECTEUR.

Chirurgien en chef. . .   M. Bouchacourt.

Adjoint . . , ...   M. Horand fils.

Médecins :

MM. Frarier, Giraud, Guyenot, P. Meynet, Pravaz, Tallon.

Délégués éclaireurs :

MM. Massada et Ducruet.

Pharmaciens :

MM. Benoît et Berthet.

Aides-majors :

. MM. Charrin, Chavassieux. Chioc. Dépine. Fabri. Guinand, Meyet, Perrichon. Saurel.

Sous-aides :

MM. Bugnon, Chervin, Drey. Dulac, Magnin, Morin, Odet, Rodet, Sinian.

Infirmiers-majors :

MM. Guinand et Saurel.

Deux infirmiers-majors adjoints.

Infirmiers français, italiens et suisses, environ 40.

MM. les chirurgiens en chef des 4 secteurs obéissant à l'impulsion de M. Pétrequin que le patriotisme rajeunissait, ont parcouru, par un froid des plus intenses et étudié dans tous les détails qu'ils comportaient les nombreux kilomètres de leurs secteurs respectifs dont ils ont fait lever les plans.

Le service médical de la garde nationale sédentaire, organisé avec soin par M. le docteur Rivaud-Landrau de concert avec M. le préfet du Rhône, et qui avait déjà son personnel, ses infirmiers et ses stations de secours. ne pouvait entrer dans le cadre des ambulances de siége puisque les médecins-majors devaient suivre leurs bataillons ; mais une entente avait eu lieu, et les deux services auraient concouru avec une union parfaite au soulagement des blessés.

Les ambulances de siége des quatre secteurs lyonnais étaient arrangées de façon à pouvoir se dédoubler, et cette subdivision permettait au besoin le fonctionnement de 8 secteurs indépendants. Elles possédaient un matériel chirurgical important, consistant en instruments de chirurgie, appareils, linges à pansement, charpie, coussinets, matelas, gouttières, brancards, etc., plus un matériel roulant de 80 voitures louées par le directeur, M. Léon Riboud, et devant servir au transport immédiat du personnel chirurgical et des blessés aux remparts.

Il fallait enfin donner aux membres de l'ambulance les instructions nécessaires.

Le 27 novembre 1870 eut lieu une première conférence, en séance générale de tout le personnel convoqué au poste central.

Ce fut M. Pétrequin qui eut l'honneur de prendre la parole et d'expliquer avec son talent habituel la constitution et le fonctionnement des ambulances lyonnaises de siége.

Les autres chefs de service, MM. Delore, Rollet, Bouchacourt et Foltz en firent successivement une sur l'étude de leurs secteurs. M. Delore en fit même une deuxième, sur un sujet de chirurgie.

Le 19 février 1871, M. Pétrequin faisait une seconde conférence sur le transport des blessés dans les ambulances de siége et généralement dans les ambulances provisoires. Il a développé avec un grand esprit pratique deux questions que les événements mettaient malheureusement à l'ordre du jour :

1° Assurer d'une part le prompt et facile transport des blessés hors des rangs et dans un lieu sûr :

2° D'autre part, appliquer méthodiquement et en temps utile les moyens de l'art sans lesquels les lésions les plus légères se compliquent souvent d'accidents graves ou deviennent mortelles.

Et il termina son discours par ces paroles qui furent couvertes d'applaudissements : « Quand il s'agit, s'est-il écrié, de la santé et de la vie des hommes qui nous sont confiés, on ne saurait dédaigner la plus mince circonstance, le plus petit moyen de ceux qui peuvent leur être avantageux ; il faut que tout soit prévu et calculé et que rien ne soit laissé au hasard. »

Cette laborieuse création ne devait pas être utilisée. Nos mobiles lyonnais, par leur défense héroïque de Belfort, arrêtèrent la marche de l'ennemi, et Lyon fut sauvé.

Mais ces belles et sérieuses études topographiques des secteurs, ces plans accompagnés de légendes explicatives, n'en seront pas moins conservés pour l'avenir.

L'organisation des ambulances de siége ne fut pas cependant sans résultat.

Une d'entr'elles, celle attachée au 3ᵉ secteur, fut mobilisée et se distingua dans la Côte-d'Or.

On réclamait avec instance une ambulance à Dijon. M. Christôt, chirurgien en chef adjoint du 3ᵉ secteur, offrit spontanément ses services qui furent agréés avec remercîments. Un crédit de 10,000 francs lui fut alloué, et la rapidité des événements réagissant sur les décisions à prendre, en huit jours tout fut prêt, le personnel, les costumes et le matériel.

La mobilisation apporta nécessairement quelques changements dans le personnel de l'ambulance qui fut remaniée et dont la composition fut la suivante :

3ᵉ AMBULANCE VOLANTE DU RHONE.

Chirurgien en chef. . . . . Docteur Christôt.

Chirurgien en chef adjoint . Docteur Bernheim.

Chirurgiens adjoints. . . . Docteurs Burlet et Charreton.

Aumônier catholique. . . . M. Cinquantin.

Comptable. . . . . M. C. Robert, ancien comptable de la 5ᵉ ambulance de Paris.

Pharmacien . . . . M. Bourne.

Aides:

MM. Focachon, Liquier, Mathelin

Sous-aides:

MM. Chapuis, Charrin, Girerd, A. Robert.

Infirmiers:

MM. Boffard, infirmier chef ; Mulaton, infirmier sous-chef ; Chartron, Chatagnon, Chambry, Ducass, Gagneur, Gaudet, Giraud, de Loisy, Revérend, Rollin.

Palefreniers :

MM. Bernau, Plissonnier, Coquard.

Trois fourgons et cinq chevaux transportaient le matériel chirurgical de l'ambulance.

Partie sans bruit et sans éclat le 13 janvier 1871, la troisième ambulance arriva à Nuits dans la soirée et se mit immédiatement à l'œuvre. Le combat de Nuits avait eu lieu trois jours auparavant et 300 malades réclamaient des secours médicaux. 250 blessés répartis dans 30 ambulances de la ville, furent visités et pansés. Leurs noms ont été reproduits par un des journaux de Lyon.

Le 3 janvier, un premier convoi d'évacuation quittait Nuits et déposait des blessés à Châlon, Mâcon, Villefranche et Lyon. Sept jours plus tard, un deuxième convoi emportait 40 malades à Lyon. Du 22 décembre au 10 janvier, 38 opérations ont été pratiquées, mais la plupart dans de mauvaises conditions par suite de l'étendue du traumatisme, du temps écoulé depuis le combat et de l'absence de pansements jusqu'à l'arrivée de M. Christôt.

Le personnel de l'ambulance a été pendant son séjour nourri et logé chez les habitants ; mais il n'en a pas moins reçu de l'intendance des vivres qui ont été distribués aux blessés.

L'ambulance a eu à traverser une grave épidémie de petite vérole qui frappa légèrement deux de ses membres ; aussi M. Christôt se hâta-t-il de faire avant son départ 120 vaccinations ou revaccinations.

Obligée de quitter Nuits le 21 janvier pour aller rejoindre le 24ᵉ corps d'armée auquel elle était attachée, la 3ᵉ ambulance lyonnaise trouva le chemin de fer de l'Est coupé par l'ennemi qui occupait Dôle. Après d'inutiles efforts, elle regagna Dijon où les évenements militaires rendirent sa présence indispensable.

Le 22 janvier au matin, l'ambulance se transporta sur le champ de bataille de Talan où elle prodigua des soins à un grand nombre de blessés, et le soir elle se dirigea sur la ferme de Chanzy, vaste ambulance prussienne, contenant des blessés français et prussiens. Beaucoup furent évacués sur la ville, et une fraction de l'ambulance passa la nuit dans la ferme pour soigner les malheureux qui y étaient restés.

Le 23 janvier, une partie de l'ambulance passa également la nuit à relever les blessés de Pouilly, pendant que l'autre faisait au quartier général de Dijon les pansements et les opérations nécessaires.

M. Dubois, maire de la ville, M. de Saint-Seynes, président de la Société de secours aux blessés, et M. le docteur Faure, délégué principal, s'empressèrent de faire convertir la salle Philharmonique et la salle de Flore en ambulances qui furent réparties ainsi qu'il suit :

Salle Philharmonique :

MM. Christôt et Burlet.

Salle de Flore :

MM. Bernheim et Charreton.

Le service religieux fut confié au zèle infatigable de M. Cinquantin ; le docteur Burlet fut plus spécialement chargé des fièvreux et des blessés de l'intérieur de la ville.

Le 2 février, les troupes françaises quittaient Dijon, abandonnant à l'ambulance un nombre considérable de nouveaux blessés.

Au début de l'installation 60 malades environ furent pansés, opérés, puis évacués. La plupart étant Prussiens furent évacués sur les ambulances allemandes du Lycée et des Ursulines , les autres sur les hôpitaux. Le service fut ensuite régulièrement organisé, et il ne resta dès lors que les malades gravement atteints.

M. Christôt a pu suivre, à Dijon même, 173 blessés et 40 malades, auxquels il faut ajouter les 60 malades de transition, ce qui fait un total général de 233. Ce chiffre ne comprenait pas les malades ou blessés pansés chaque jour au quartier-général. Parmi ceux-ci s'est présenté un cas remarquable de tétanie rhumatoïde du cou guérie par des injections hypodermiques de chloral. 24 opérations ont été pratiquées à Dijon par M. Christôt. Les conditions nosocomiales de la salle de Flore, dit-il dans son intéressant rapport (1), étaient exceptionnellement mauvaises. La mortalité y a été relativement très-élevée, et la septicémie, la pyohémie, les affections internes infectieuses ont surtout fait des victimes. La raison de ce malheureux état de choses lui a paru tenir à ce que la salle de Flore donnait depuis longtemps asile à des blessés gravement atteints. Le docteur Wols, chirurgien prussien qui l'avait précédé dans cette ambulance l'avait assuré qu'il n'avait vu guérir aucun de ses malades.

Pendant les 75 jours qu'a duré sa campagne dans le département de la Côte-d'Or, la 3ᵉ ambulance a rendu d'importants services. Les registres d'inscription exactement tenus par le comptable, M. Robert, en font foi. Ils contiennent en effet un total de 494 blessés ou malades, sur lesquels 416 ont pu être régulièrement suivis. Sur ces 416, 218 ont guéri ou ont été laissés en voie de guérison, et 135 sont morts.

A ces 494 blessés, il faut ajouter 60 fiévreux soignés à Nuits, 40 fiévreux à Dijon et 60 blessés prussiens évacués sur les ambu-

(1) Rapport de M. Christôt, chirurgien en chef de la 3ᵉ ambulance.

lances allemandes de la ville. Ces différents groupes élèvent à 664 le total des malheureux auxquels la 3ᵉ ambulance a donné des soins à Nuits et à Dijon.

Il a été facile à M. Christôt, par suite des postes fixes qu'il a occupés, de fournir une statistique exacte de ses blessés et de ses opérés, ce que n'ont malheureusemeut pu faire les autres ambulances obligées de suivre des corps d'armée qui se déplaçaient sans cesse.

70 opérations ont été pratiquées, dont le détail suit :

    1 désarticulation de la hanche ;
    16 amputations de cuisse :
    1 désarticulation de genou ;
    10 amputations de jambe ;
    4 désarticulations de l'épaule ;
    5 amputations de bras ou avant-bras ;
    8 résections pour le membre inférieur ;
    10 résections pour le membre supérieur ;
    1 ligature de l'iliaque externe, etc.

Ces 70 opérations se répartissent sur 65 blessés.

9 d'entr'eux ont dû subir des opérations multiples.

Sur ces 65 opérés, 22 ont guéri, 42 sont morts ; un résultat est resté inconnu.

Au point de vue financier, le crédit de 10,000 francs a été dépassé de la somme de 946 francs qu'il a fallu restituer au Comité des ambulances de siége pour solder des dépenses d'appareils et de pharmacie. Sur la demande de M. Christôt, une somme de 1,000 francs a été votée avec reconnaissance pour liquider sa position.

M. Christôt a rendu pleine justice dans son rapport à ses collaborateurs qui ont tous, sans exception, bien mérité du Comité de Lyon. Il signale particulièrement MM. les docteurs Bernheim,

Burlet, Charreton, et M. l'aumônier Cinquantin comme ayant eu la plus large part dans le bien qui a été fait.

Qu'il me soit permis d'ajouter qu'en agissant ainsi ils n'ont fait que suivre l'exemple de leur chef si dévoué et si regretté.

C'est ici que doit être relaté un des épisodes les plus douloureux de cette guerre. Je veux parler du massacre de l'ambulance de Saône-et-Loire dans une maison neutralisée par le drapeau de la Convention de Genève. Dès que les faits furent connus, le Comité de Lyon, tout en sollicitant une prompte enquête de la part des autorités locales, envoya à M. de Sydow, président du Comité de Berlin, une protestation contre cet odieux attentat. Un mois et demi après, M. de Sydow envoyait en réponse au Comité de Lyon, par l'intermédiaire de M. Vernes d'Arlandes, délégué régional de l'Est, un rapport signé Fransecky, général d'infanterie prussienne. Dans ce travail longuement motivé, le général ennemi prétend qu'on a tiré sur ses troupes de la maison servant d'ambulance, et qu'il s'est trouvé dès lors en droit de légitime défense. Les dépositions françaises des témoins oculaires Berland, Baudot, Cordier, Fleury, de Champvigy, Alacoque et Callais concordent toutes pour nier formellement le fait. M. Christôt a déjà analysé, dans un mémoire très-intéressant, les pièces du procès et raconté la fin tragique de nos deux infortunés confrères Morin et Milliat. Notre qualité de rapporteur d'un Comité neutre ne nous permet pas de trancher les débats, et nous ne pouvons que jeter sur les dépouilles de ces courageux martyrs du devoir un voile qui sera bientôt, nous l'epérons, soulevé par la justice internationale.

Le lendemain de ce triste événement, une ambulance prussienne était, à son tour prisonnière à la ferme de Changey et se mettait sous la protection de notre 3e ambulance. Grâce à la généreuse intervention du docteur Bernheim, elle échappait aux représailles que pouvait faire naître un moment de surexcitation.

La gare de Perrache était destinée, par sa position et son importance, à devenir un point central de ralliement. De tous côtés, mais surtout de la ligne de Paris et de Genève, arrivaient sur Lyon des convois de blessés. Il fallut donc organiser dans son enceinte une vaste ambulance de passage destinée à recevoir les malades, et à les coucher au besoin pour les répartir ensuite entre les hôpitaux militaires et les diverses ambulances de la ville ou des départements voisins.

Les détails concernant l'ambulance de la gare se trouvent mentionnés dans le rapport précédent de M. le docteur Favre.

Pendant la durée de la guerre, l'administration supérieure du chemin de fer a facilité de tout son pouvoir les agissements de la Société de secours. Elle a cédé dans la gare de Perrache des locaux pour l'établissement de salles à pansements, de dortoirs, de cuisines et de réfectoires successivement agrandis par la Société en raison du mouvement progressif des évacuations.

On a pu, de cette façon, nourrir à la gare de Perrache plus de 140,000 soldats, y panser plus de 16,000 blessés et y coucher 15,892 malades ou convalescents (chiffres extraits d'une note de M. Eugène Passot, lue au Comité directeur).

La gare des Brotteaux a été mise aussi à contribution pendant les derniers mois, et a reçu du Comité de Lyon des secours de diverse nature.

Le Comité Lyonnais doit de vifs remercîments à M. Cottiau, inspecteur principal du chemin de fer, dont l'obligeance et l'empressement pour les intérêts de l'œuvre, rendraient plus vifs, si cela était possible, les regrets qui l'ont accompagné dans sa retraite volontaire et prématurée. Par son intervention auprès de l'administration supérieure, il a obtenu de délivrer, sur la demande de

M. le comte d'Espagny d'abord, ensuite sur le simple visa de M. Léonce de Cazenove, le quart de place et plus tard la place entière pour tous ceux qui faisaient partie de la Société de secours aux blessés. Sur nos démarches, conseillées par le Comité directeur, il a demandé et également obtenu de faire parvenir en franchise jusqu'à Genève tous les colis de vêtements et linges adressés par la Société à nos compatriotes prisonniers en Prusse. Ces générosités ont été accueillies, comme vous le pensez, avec une vive reconnaissance.

Ces bonnes dispositions furent souvent mises à profit, surtout au moment des allées et venues de nos ambulances du coté de l'Est où se préparaient de grands événements militaires. On voulait tenter un suprême effort Mais nous fûmes une fois de plus trahis par le sort, et un concours inouï de circonstances défavorables vint compléter notre chute

La défaite de l'armée de l'Est devint une seconde retraite de Russie. Partout, sur les plateaux du Doubs couverts de neige, sur les routes encombrées de débris de toutes sorte restaient étendus par milliers des blessés, des malades et des morts; l'armée en pleine déroute fuyait vers la Suisse. Arrivée sur ce sol hospitalier, elle vit enfin cesser ses grandes misères; de tous côtés nos pauvres soldats épuisés, la plupart sans souliers et les vêtements en lambeaux, furent reçus à cœur ouvert; on les voyait au milieu de l'émotion générale serrer et même embrasser les mains de leurs sauveurs. — Aussi, dans un moment d'enthousiasme, un jeune mobile s'est-il écrié, le cœur gros de larmes : « Si je n'étais *Français*, vraiment je voudrais être *Suisse*. » Hommage touchant et spontané rendu à un accueil que la France n'oubliera jamais. — Déjà, pendant la durée de la guerre, le Comité de Genève, sous la haute impulsion de son président, M. Moynier, avait largement secouru de son or tous nos malades ou blessés de passage. — Aussi, en présence de tant de témoignages de sympathie, la Commission médicale a-t-elle accepté avec empressement la proposition soumise au Comité directeur, d'élever par souscriptions dans le premier village suisse où ont pénétré nos soldats désarmés, un monument représentant par exemple la France blessée et relevée par la Suisse. En même temps qu'il perpétuerait le souvenir d'une belle action, il deviendrait un moyen délicat de restituer à la Suisse, par l'entremise des nombreux touristes que ce monument attirerait une partie de l'argent qu'elle a si généreusement octroyé à nos soldats. Il m'est bien doux de pouvoir rappeler ici le désir général de voir se réaliser un projet qui avait obtenu de vives adhésions au sein du Comité directeur. Lorsque l'expression d'un vœu traduit une idée patriotique, que dis-je, la reconnaissance d'un bienfait, on ne saurait lui donner trop de retentissement.

L'hôpital et les maisons particulières de Lausanne et du canton de Vaud se remplirent rapidement de blessés. Lorsque la place vint à manquer, on dut procéder à des évacuations sur Evian et sur Thonon où des ambulances furent improvisées. M. le sous-préfet Bourdier, M. Ramel et son secrétaire M. Trombert, M. de Blonay, Mme de Livet et Mme Tachet, dont le zèle et le dévouement n'ont été égalés que par l'intelligence du devoir, organisèrent de nombreux locaux où il purent recevoir plus de 1,500 malades. En dehors des ressources puisées dans le pays, divers secours en argent et en nature furent votés par le Comité directeur. — Nous fûmes nous-même chargé de convoyer jusqu'à destination un envoi considérable de linges à pansement, flanelles, chemises, chaussettes et souliers adressés par le Comité de Lyon et quelques personnes de la ville, entr'autres les familles Jean Sisley, Hénon et la maison C.-J. Bonnet; et nous eûmes le plaisir de constater dans une rapide inspection que ces dons étaient réellement bien placés. Grâce aux soins éclairés des médecins, à un excellent régime et aux bons procédés des braves habitants du Chablais, nos malades furent bientôt en état de regagner Lyon par la route d'Annecy.

Dispersés alors à Lyon dans les hôpitaux, les familles et les ambulances sédentaires, nos blessés devinrent l'objet d'une vive sollicitude de la part du Comité de secours.

Pour couronner l'œuvre médicale si dignement conduite, une consultation gratuite des chirurgiens les plus distingués de la ville fut instituée par la Commission médicale, sur la demande de son président M. Ollier. Des Comités auxiliaires se formèrent soit pour rapatrier les convalescents ou les blessés guéris, soit pour distribuer de l'argent à tous ceux qui, libérés du service militaire présentaient un certificat de médecin constatant une impossibilité de travail avant un mois.

Grâce au Comité de Secours de Bordeaux, les hospitalisations des Eaux-Bonnes, d'Arcachon et de Bagnères-de-Luchon furent ouvertes aux militaires, mobiles, mobilisés et engagés dans les corps-francs auxquels la médication thermale ou balnéaire avait été recommandée par leurs médecins, et qui n'étaient pas en position d'en faire la dépense. Le Gouvernement et la ville de Paris s'occupent en ce moment de venir en aide aux orphelins de la guerre.

Là, Messieurs, se termine cette triste et mémorable campagne qui a duré plus d'une année. Jamais, à aucune autre époque, l'activité médicale Lyonnaise n'avait été poussée aussi loin. — 62 ambu-sédentaires en plein fonctionnement, trois ambulances volantes qui se sont dédoublées selon les besoins, une ambulance de siége organisée en vue de l'investissement de la place, des secours médicaux accordés aux victimes indirectes de la guerre, 52,126 malades environ, soignés ou opérés dans les ambulances sédentaires....

Tels ont été les immenses résultats de l'œuvre du Comité de Lyon. — 146 médecins sans compter un personnel trois fois plus considérable d'aides ou d'infirmiers ont été sans relâche occupés dans ces différents services; plusieurs d'entr'eux, emportés par un zèle infatigable, ont cumulé généreusement diverses fonctions.

Quelques médecins des ambulances volantes, notamment MM. Christôt, Bron, Gayet, Chabalier, Noack, Bianchi et Pernot sont aussi venus offrir, au retour de leur campagne, leurs services à la Commission médicale — les uns ont alors repris la direction des ambulances qu'ils occupaient avant leur départ; d'autres ont été utilisés dans les dernières ambulances créées. On a eu enfin le regret de ne pouvoir, faute de places, mettre à profit l'empressement de tous.

L'action des ambulances a été évidemment bien inférieure à l'immensité des besoins et des souffrances, mais elles ont fait ce qu'elles ont pu. — La situation a été exceptionnelle, et la nécessité des secours le plus souvent extrême. Bien des malades ont manqué de soins immédiats. Aucun de nos confrères cependant n'a faibli dans la mission qu'il s'était imposée. — La tenue des ambulances médicales sur les champs de bataille n'a pu donner lieu à aucune critique, j'ajoute sérieuse, car le corps médical ne saurait accepter le reproche qui a été adressé à des médecins militaires de l'armée de l'Est d'avoir abandonné leurs blessés ; le fait, s'il s'est produit, ne démontre nullement une indifférence coupable de leur part, mais bien la nécessité de réformer au plus tôt le service médical de l'armée. Ne sait-on pas en effet que le chirurgien militaire a les mains liées, et que, quoi qu'il arrive, il ne peut même pour soigner des malades, s'éloigner de son régiment sans être passible du conseil de guerre.

Tous ceux qui, soutenus par l'amour du bien, ont eu dans ces temps difficiles et périlleux le courage de remplir loyalement leur mission, ont certainement éprouvé au fond du cœur un sentiment de bonheur qui a été la première et la plus douce récompense de leur conduite. Nos chers collègues doivent le savoir mieux que personne, eux qui se sont grandement dévoués à la guérison de blessés qu'ils ont rendus en si grand nombre à leurs familles et à la patrie. Aussi tous peuvent-ils s'appliquer dans leur pensée les belles paroles du président Bonjean, cette noble victime des fureurs populaires qui, du fond de son cachot, écrivait à sa femme et à ses fils : « Je vous affirme que je ne voudrais, à aucun prix, avoir agi autrement que je ne l'ai fait, c'est que le premier bien c'est la paix de la conscience, et que ce bien inestimable n'existe réellement que pour celui qui peut se dire *j'ai fait mon devoir* » (**1**).

A cette satisfaction naturelle du cœur, messieurs, est venue s'ajouter une autre récompense destinée à perpétuer au milieu de concitoyens reconnaissants le souvenir des services rendus. Que les honorables confrères qui ont été déjà promus ou nommés dans l'ordre de la Légion d'honneur reçoivent les sincères félicitations, non-seulement de la Commission médicale, mais encore de la cité lyonnaise, dont les sentiments ont été si bien interprétés par l'éminent homme d'Etat qui préside aux destinées du pays.

(1) Lettre du 20 mai, extraite de l'ouvrage du docteur Legrand du Saule sur le délire des persécutions. *Salut Public*, 9 octobre.

11

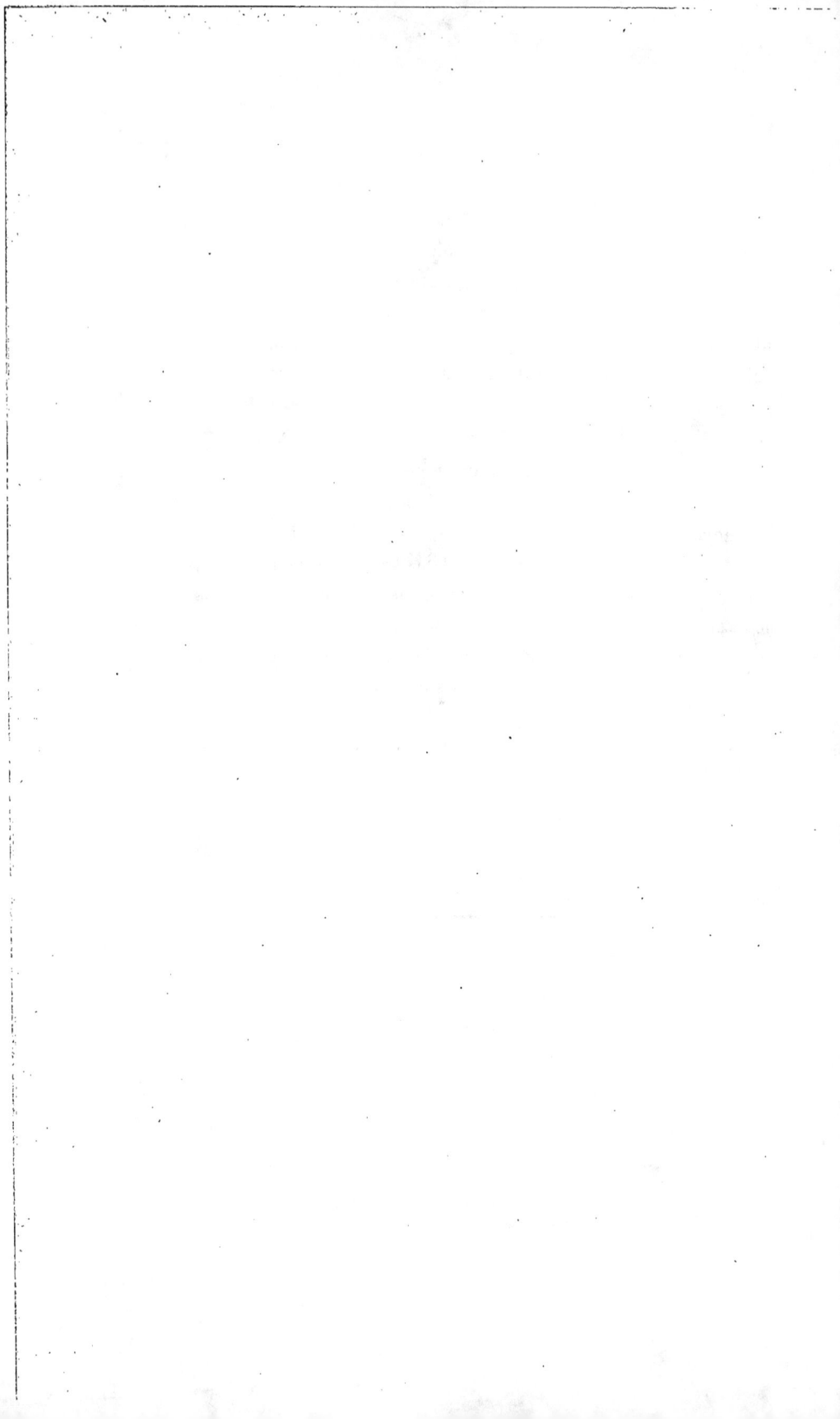

COMITÉ DES DAMES

RAPPORT

De M. Jules FOREST, Secrétaire général

———————————

MESDAMES, MESSIEURS,

La guerre a ce malheur : c'est qu'elle enveloppe dans la souffrance et le vainqueur et le vaincu.

Ce fut cette pensée de Mᵐᵉ de Motteville, que M. Léonce de Cazenove, membre du Conseil de la Société Française de Secours à Paris, pénétré des principes humanitaires énoncés dans la Convention de Genève, du 29 octobre 1863, et ratifiée par les puissances le 22 août 1864, mit en pratique cette même année, en fondant dans notre ville un Comité sectionnaire pour les militaires blessés sur terre et sur mer.

En juillet 1870, aux premiers symptômes alarmants d'une guerre entre la France et la Prusse, le Comité lyonnais se rappelant les services importants rendus par le Comité auxiliaire des Dames américaines (dont le nombre dépassa trente-deux mille), pendant la longue période de la lutte sanglante des Etats-Unis, pensa, avec raison, que les Françaises s'empresseraient d'imiter ce noble exemple, et nous chargea d'organiser un Comité de dames.

Toutes les démarches nécessaires pour atteindre ce but furent faites, et M. Sencier, administrateur alors du département du Rhône, nous prêtant son bienveillant appui, ce projet passa à l'état d'exécution du 15 au 20 juillet, sous la présidence honoraire de Mme la comtesse de Palikao, et sous la présidence effective de Mme Louise Sencier.

Le 25, plus de quatre cents lettres d'invitation firent appel, au nom du Comité sectionnaire, au généreux concours des dames lyonnaises.

Le 6 août suivant, Mme la présidente Sencier les convoqua, pour le 8, en assemblée générale, dans un des salons de la préfecture, à l'Hôtel-de-Ville.

ASSEMBLÉE GÉNÉRALE DU 8 AOUT 1870

La séance fut ouverte par une allocution de M. le comte d'Espagny, président du Comité, sur le but de la réunion.

Il fit connaître que M. Léonce de Cazenove en était le secrétaire général, et M. Jules Forest celui du Comité des dames, puis il céda la parole à M. de Cazenove.

Ce dernier esquissa à grands traits les conséquences désastreuses de la guerre et le devoir impérieux d'en adoucir les rigueurs, en organisant des Commissions de dames transformées en hospitalières volontaires, dont l'utilité avait été si puissamment accentuée pendant les guerres d'Amérique, du Schleswig, et celle de 1866 entre la Prusse et l'Autriche.

On procéda ensuite à la formation des différentes Commissions nécessaires à la division des travaux.

Les décisions suivantes furent adoptées :

PREMIÈREMENT

Un Comité directeur, composé des vice-présidentes ci-après désignées, se réunissant une fois par semaine :

Première Présidente :

Mme S~encier~, remplacée, après les événements du 4 septembre 1870, par

Mme M~illevoye~, première présidente.

Vice-présidentes :

Mmes B~rolemann~, — comtesse d'E~spagny~, — O~nofrio~.

Membres :

Mmes	Mmes
Arlès-Dufour.	Lilienthal.
Clément-Désormes.	Mathevon (Octave).
Cuniac.	Perrin-Gilardin.
D'Averton.	Revérony.
Desgaultières.	Tabareau.
Fitler (Sophie).	Tresca.
Galline (Oscar).	

SECONDEMENT

Une Commission de dames quêteuses, présidée par Mlle d'Averton, se réunissant deux fois par semaine dans le salon du Conseil municipal, composée comme suit :

Présidente :

Mlle D'A~verton~.

Vice-présidentes :

Mmes L~ilienthal~, — L~apeine~.

Membres :

Mmes

Armand.
Bailly.
Bellon.
Binet.
Bonjour.
Brossette (Dominique).
Brossette-Heckel.
Cafarel.
Caillaud.
Chabrière (Maurice).
Chambe.
Cherblanc.
Collon.
Convert.
Cottin.
Dubourg.
Durand (Eugène).
Espagny (comtesse d').
Ferber (Auguste)
Flottard.
Forcrand (de).
Framinet.
Gacogne.
Genin.
Glénard.
Gravillon (de).

Mmes

Jacquier.
Jaquet.
Jay.
Laroche.
Mangini.
Marix.
Mayer.
Meaudre.
Morin-Pons (Henri).
Morin-Pons (veuve).
Pignatel (Victor).
Renoux.
Richard.
Robert.
Rosenthal (Isidore).
Sabran (Emile).
Schultz.
Siéfert.
Sigaud.
Stengelin (Alix).
Tavernier.
Tête-Noire.
Vautaret.
Viereck.
Vignon.

TROISIÈMEMENT

Une Commission numéro 1 en permanence dans les salles des archives, chargée de la réception des dons, de leur classement et de la confection des caisses.

Présidente :

Mme ARLÈS-DUFOUR.

Vice-Présidente :

Mme LAPEINE.

Membres :

Mmes

Bard.
Biarez.
Cazenove (Léonce de).
Chabrières (Arlès).
Dulaurens.
Germain.
Germain (Mlle).
Grand (Mlles).
Lortet (Clémentine).
Marietton.
Mass.
Morin–Pons.
Noack (Rodolphe).

Mmes

Pascal.
Renard.
Renoux.
Robin.
Roman (Auguste).
Rosenthal (Jules).
Rosenthal (Isidore).
Seller.
Steiner (Charles).
Steiner-Pons (Edouard).
Vachon (Pierre).
Vautier-Teissier.

QUATRIÈMEMENT

Une Commission numéro 2, en permanence dans le salon du Conseil municipal, chargée de la séparation et réparation du linge, de la confection des bandes, compresses et de tous les travaux à l'aiguille.

Présidente :

Mme CUNIAC.

Vice-présidentes :

Mmes MARRET, — MATHEVON (Octave), — PERRIN-GILARDIN.

Membres :

Mmes	Mmes
Barafort.	Chambet.
Baritel.	Chastel (veuve).
Belle-Isle (Mlle de).	Cote (Marius).
Bérenger.	Coumer.
Boicervoise (Georges).	Courrad.
Boicervoise (Joseph).	Dubourg.
Bourgeois.	Dubreuil.
Brunet-Lecomte.	Dubreuil (Mlle).
Bruyas.	Eloy.
Cadalven (de).	Eynard.
Cadalven (Mlles de).	Ferber (Ernest).
Casanova.	Ferber (Auguste).
Caillaud.	Froment (Mlle).
Certeau (de).	Flotard.

— 170 —

Mmes

Gaillard.
Galisot (Mlle).
Gallavardin (Rosalie).
Galline.
Gay (Abel).
Gayet.
Gidrone (de).
Girodon.
Gros (Gustave).
Guérin (veuve).
Guillet.
Lortet (Mlle).
Lecourt.
Lépine.
Letourneur.
Logier (Mlle).
Loubet.
Martin.
Meaudre (Lodoix).
Mehier (Mlles).
Milliaud.
Million.
Mouillard.
Ogier (Claude).
Ogier (Victor).
Onofrio.
Onofrio (Mlles).

Mmes

Palisse (Mlle Valérie).
Perret (Mlle).
Pitrat.
Renard (Francisque).
Revérony.
Sabran (Emile).
Sauzet (Abel).
Siéfert.
Siéfert (Mlle Louisa).
Silvan.
Simo-Preu.
Soultrait (comtesse de)
Talon.
Thoisy (vicomtesse de)
Tresca.
Tresca (Mlles).
Teillard-Bussy.
Vautaret.
Vautaret (Mlle).
Vibert (Auguste).
Vibert (Henri).
Villard.
Villard-Belmont.
Waldner (comtesse Geoffroy de).
Waldner (Mlle Louise de).
Willemin.

CINQUIÈMEMENT

Une Commission numéro 3, se réunissant une fois par semaine, avec mission de distribuer des secours à domicile, aux familles malheureuses des blessés et privées de leur soutien.

Les membres de cette Commission ont subdivisé la ville en quatre secteurs, pour la facilité de leurs investigations.

Première présidente :

Mme MILLEVOYE.

Trésorière générale :

Mme TRESCA.

PREMIÈRE SECTION. — Lyon-Central.

Vice-présidente :

Mme DESGAULTIÈRES, remplacée plus tard par Mme REVÉRONY.

Trésorière :

Mme DOMINJON, également remplacée par Mme SABRAN.

Membres :

Mmes	Mmes
Belle-Isle (Mlle de).	Jaillard-Torombert.
Boucher.	Koch.
Boulanger.	Martin.
Butot.	Mégemont.
Caillaud.	Perret de la Meuve.
Courajod (Alexis).	Piquet (veuve).
D'Averton (Mlle).	Rieussec.
Douiller.	Sauvage de Saint-Marc.
Gleyre.	Sigaud (H.).
Guitton-Granger.	Torombert.

DEUXIÈME SECTION. — Brotteaux-Guillotière.

Vice-présidente :

Mme CLÉMENT-DÉSORMES.

Trésorière :

Mme FERBER (Ernest). remplacée plus tard par Mme Charles STEINER-PONS.

Membres :

Mmes

Adam.
André.
Andrié.
Bellat.
Bertaud.
Berthet.
Biarès.
Blanc.
Brolemann (veuve).
Brouzet (Théodore).
Chabrières (Maurice).
Chapotot.
Chavanne.
Durand (Victor).
Ferber (Auguste).
Fitler (Alexandre).
Fleury.
Flottard.
Fournier (veuve).

Mmes

Gallavardin.
Gantillon.
Glénard.
Grillet.
Lesne.
Lilienthal.
Marguerat.
Mathevon.
Millevoye.
Mugniéry.
Pont.
Prenat.
Sigaud (Charles).
Steiner-Pons.
Tabard.
Tresca (Louis).
Vautaret.
Verney.
Veyrin.

TROISIÈME SECTION. — Croix-Rousse, Sathonay.

Vice-présidentes :

Mmes Comtesse d'ESPAGNY, — GALLINE (Oscar).

Trésorière :

Mme MARIX.

Membres :

Mmes	Mmes
Arquillière.	Lapeine.
Barafort.	Lyonnet.
Bourdin.	Meynard-Debard.
Brossette-Heckel.	Morin-Pons (Henri).
Buisson (Eugène).	Noack.
Cote (Marius.)	Odobé.
Dubost.	Prandière (de).
Gabut.	Scotti.
Illaire.	Soultrait (comtesse de).

QUATRIÈME SECTION. — Vaise, Saint-Jean et Saint-Just.

Vice-présidente :

Mme Fitler (Sophie), remplacée plus tard par Mme Tabareau.

Trésorière :

Mme Eloy, remplacée plus tard par Mlle Palisse.

Membres :

Mmes	Mmes
Binet (J.).	Janin.
Binet (Pierre).	Legat.
Boiron.	Onofrio.
Bruyas.	Rey du Mouchet.
Collet.	Seguin (Paul).
Dolbeau (Pauline).	Schultz (Adèle).
Dubreuil (veuve).	Tollet.
Fitler (Albert).	Wemberg.
Fusy.	Zeindel.
Genevay.	

Les noms justement répétés sont ceux des Dames qui ont fait partie de plusieurs Commissions.

Un mois environ avant cette assemblée générale, la Commission numéro 1 fonctionnait déjà, car la guerre paraissant inévitable, différents appels publiés par les principaux journaux de notre ville, avaient fait converger dans les salles des Archives, que M. Sencier, alors préfet du Rhône, s'était empressé de faire disposer en notre faveur, une quantité de linges de pansements et de dons en nature, dont nous étions spécialement chargés, et qui ne fit que s'accroître avec le temps.

Toute administration exige une organisation régulière qui ouvre la voie et pose les jalons ; ce fut cette Commission qui en prit l'initiative.

Il est juste de rappeler que Mme Léonce de Cazenove fut la première qui nous aida à organiser et confectionner les 35 premières caisses de pansements, comme M. Fiorillo Fournier fut le premier qui se mit à la tête des souscriptions pécuniaires, en versant 500 fr. au journal le *Salut public*.

M. Albert Fitler fut le second qui vint nous prêter l'appui de son dévouement et de son intelligente activité. Il fut bientôt suivi de MM. Fernand Liquier, Brouzet, Carrel, Cottin et l'abbé Chabert, aumônier de la retraite dite la *Solitude*, dont l'ambulance quatre mois plus tard, fournit un contingent de 45 lits aux blessés militaires.

Un registre avait été ouvert pour recueillir les offrandes de tous les donateurs. Un grand nombre eut la modestie de garder l'anonyme.

Cet enregistrement du reste, établi pour le bon ordre, ne pouvait offrir aucun but d'utilité, puisque tous les paquets étaient naturellement ouverts, triés et mélangés.

Aussi l'accumulation des dons nous força-t-elle maintes fois d'y renoncer.

M. de Cazenove, secrétaire général, partit pour explorer les champs de bataille.

Nous restâmes à notre poste pour l'administration et les expéditions des caisses.

———

Ici se déroule l'horizon prolongé d'une série de travaux et d'émulations, dont les limites de l'espace qui nous est réservé ne nous permettent pas de narrer les détails.

Qui ne sut se borner ne sut jamais écrire.

Nous ne pouvons donc qu'analyser sommairement la spontanéité de toutes les dames qui se sont offertes pour diminuer les souffrances ou panser les blessures de nos malheureux soldats, soit dans les différentes Commissions que nous venons d'indiquer, soit dans celles postérieurement formées en faveur de nos prisonniers en Allemagne, de nos armées actives, de l'ambulance de Perrache, d'un grand nombre de nos ambulances sédentaires et pour l'organisation des loteries, quêtes, sermons de charité et fêtes au profit de toutes les victimes de la guerre.

12

COMMISSION DE L'EMBALLAGE ET DU RACCOMMODAGE

Pendant toute la durée du mois d'août, une prodigieuse activité ne cessa de régner dans ces deux Commissions; dans la première surtout, où s'accumulaient les dons de toutes sortes, en linges, vins, liqueurs, épicerie, remèdes, etc., etc.

Les salles basses des Archives et les grands salons des Echevins, du Conseil municipal et autres, suffisaient à peine à leurs nombreuses installations.

Une foule de pétitions pour soigner les blessés, auxquelles nous avons constamment répondu, étaient journellement adressées à Mme Sencier, la présidente effective.

Ne pouvant remercier individuellement chaque donateur, les quatre principaux journaux de notre ville ont bien voulu nous servir d'intermédiaires, en septembre 1870, pour le faire collectivement et pour mentionner que si les dames de tous les cultes ont rivalisé d'élan et d'abnégation, c'est qu'aux heures suprêmes toutes les religions sont sœurs, tous les dévouements sont frères, tous les intérêts sont communs.

QUÊTES A DOMICILE

Du 11 août au 12 septembre 1870, les dames quêteuses dont les noms figurent dans ce rapport, au nombre de 54, sous la présidence de Mlle d'Averton et sous l'égide du brassard de la Société, ont fait des quêtes à domicile, dans les différents quartiers de notre ville.

Cet appel à la bienfaisance lyonnaise, qui n'est jamais restée sourde à la voix de la charité, a produit une somme de : 59,154 fr. 62 c., qui a été versée dans la caisse du Comité sectionnaire.

Le zèle de MM. les curés dans leurs paroisses respectives, a largement contribué à l'accomplissement du succès obtenu.

A différentes reprises Mme Sallard, artiste lyrique, est venue nous apporter le fruit de ses quêtes personnelles.

Enfin, le 3 du mois de septembre, une messe musicale a été célébrée dans l'église de Saint-Bonaventure. M. l'abbé Combalot, dans un sermon patriotique, a rappelé le devoir chrétien de secourir promptement et efficacement les trop nombreuses victimes de cette guerre impie.

Cette œuvre de charité grava pieusement la date des adieux de ces dames à la préfecture, car le lendemain 4 septembre, nos salons furent envahis et tous nos travaux provisoirement arrêtés par les évènements politiques.

EXPEDITIONS

Entrée

Du 10 août 1870 au 2 mars 1871, il a été confectionné par les Commissions de dames n° 1 et n° 2, 1,371 caisses de draps, compresses, bandes, chemises, charpie, serviettes, torchons, mouchoirs, couvertures, coussins, caleçons, flanelles, chaussettes, bonnets, linges de pansements, bandages, gouttières, etc.

Toutes ces caisses, fermées et numérotées, avec indication du contenu, ont été soigneusement enregistrées sur un livre spécial d'annotation, correspondant à un livre d'expédition, afin d'en établir la balance et d'en rendre compte, au besoin, aux donateurs.

La fermeture et le transport de ce lourd bagage de l'hôtel de la préfecture au palais Saint-Pierre, ont nécessité une surveillance et un labeur longs, difficiles et très-pénibles.

Plusieurs personnes nous ont gratuitement prêté leur concours, entre autres MM. Jean-Claude Garin, de la maison Debeau et David, emballeurs; — Guise, employé chez MM. Goutelle et Royé-Vial; — Jean-Baptiste Morin, laitier.

N'est-ce pas un devoir de reconnaissance de les nommer, puisqu'ils nous ont volontairement sacrifié un temps dont l'emploi était pour eux une nécessité ?

La grande quantité de ces caisses, qui atteste l'importance du travail des Commissions de l'emballage et du raccommodage, exigeait une espace considérable.

Les vastes galeries de l'ancienne abbaye des Dames de Saint-Pierre, — le salon des réunions académiques, — les salles de l'agriculture et des cours publics que MM. les académiciens ont bien voulu mettre à notre disposition ; — celle de la bibliothèque Bonafous que M. Joséphin Soulary nous a gracieusement confiée pour nos réunions presques quotidiennes, ont merveilleusement secondé l'accomplissement d'une œuvre aussi compliquée que la nôtre.

Nous devons également à l'obligeance empressée de M. Martin-Daussigny, directeur des Musées et du Palais des Arts à Lyon. d'avoir pu disposer des arcades du rez-de-chaussée pour organiser symétriquement nos colis par division de genres, afin d'en faciliter la recherche et d'éviter la confusion, tout en respectant les monuments archéologiques qui décorent ces portiques.

M. le marquis de Villeneuve, inspecteur général des ambulances volantes, et M. Vernes d'Arlandes, délégué régional de l'Est, plusieurs fois témoin de la physionomie de notre arrangement pour la distribution des dons en nature et l'organisation des Commissions de dames, ont bien voulu la sanctionner de leur approbation.

Ces 1,371 caisses ont été expédiées et distribuées du 20 août 1870 au 2 mars 1871, de la manière suivante.

Ci-joint leur compte-rendu détaillé, aux termes de l'article 11 du règlement de la Société française de secours, à Paris :

Sortie

1870			VILLES	CAISSES.	
Août	10	A M. de Cazenove, secrétaire général, à	Paris.	14	
»	10	A Mme Favier, 4me section de secours, à	Metz.	12	
»	11 et 12	A M. Klose, banquier, à. .	Strasbourg.	12	
»	11 et 12	A M. Grandjean, à	Nancy.	6	
»	12	A M. Koclin, à	Mulhouse.	4	
»	12	A M. le sous-préfet de . .	Belfort.	14	
»	13	Au palais de l'Industrie, à.	Paris.	30	
»	19	Au camp de Sathonay, avec produits pharmaceutiques, à.	Lyon.	1	
»	21	Vagon spécial confié à M. Liquier, avec 8 fûts de vin, à	Châlons-s.-Marne	38	362
Septembre	8	Vagon spécial confié à MM. Cottin et Liquier, à	Sedan.	63	
»	13	A M. le marquis de Villeneuve, à.	Paris.	1	
»	17	Vagon spécial confié à MM. Carrel et Girard, avec 2 fûts de vin, à. . .	Sedan.	86	
Octobre	4	Au docteur Glénard, à. . .	Lyon.	1	
»	7	A MM. Bruck et Janin, à. .	Genève.	38	
»	13	Par ordre de M. Vernes d'Arlandes, à.	Dijon.	12	
Novembre	6	Au 15me corps d'armée, par l'entremise de M. Contrejean à	Nevers.	30	
			A Reporter.	362	362

			VILLES.	CAISSES.	
1870			Report....	362	
Novembre	19	Au docteur Jules Ley, à. .	Mâcon.	11	
Décembre	4	A M. Bossange, au château de (Ces colis, par interruption des voies de communication, ne sont arrivés qu'à la conclusion de la paix.)	Meung.	10	
—	18	Au docteur Hermann, ambulance de.	Mulhouse.	16	
1871					
Janvier	18	A la demande du docteur Ollier, à.	Lorient.	4	430
—	20	Ambulance de l'Hérault, remis à	Lyon.	1	
—	21	Société de secours, au docteur Ley	Autum.	6	
—	30	Demande de M. Vernes d'Arlandes.	Dijon.	15	
Février	10	Demande de M. de Cazenove		5	
				430	

Tous ces colis, accompagnés de leur déclaration respective pour le chemin de fer, ont été précédés par une lettre d'avis à chaque destinataire.

Légions de marche de Lyon.

			VILLES.	CAISSES.	
1870					
Septembre	29	Eclaireurs du Rhône, 2e bataillon (caisse perdue). .	Lyon.	1	
Octobre	12	Tirailleurs du Rhône (avec un cheval offert par Mme Carguet	—	3	
Novembre	4	Chasseurs volontaires du Rhône.	—	4	
—	4	1re Légion de marche. . .	—	8	
—	11	Francs-tireurs des Pyrénées-Orientales.	—	2	
—	20	Eclaireurs du Rhône . . .	—	4	
Décembre	11	Vengeurs du Rhône. . . .	—	4	
			A Reporter.	26	430

			VILLES.	CAISSES.	
1870			Report....	26	430
Décembre	31	16e bataillon de la garde nationale	Lyon.	8	
—	31	M. Legat, pour Belfort, recommandé par Mme Millevoye.	—	3	
1871					
Janvier	3	89e régiment provisoire. .	—	12	
—	5	6e bataillon de mobiles (2 brancards).	—	»	84
— 7 et 24		2e légion de marche du Rhône (1 fût de vin). . .	—	17	
— 19 et 27		2e légion de marche Alsace et Lorraine	—	14	
—	13	5e légion de marche. . . .	—	3	
—	31	3e légion Alsace et Lorraine, remis à Mme Morin-Pons avec 12 draps et 20 chem.	—	1	
				84	

Ambulances volantes.

1re Ambulance dirigée par le docteur OLLIER

Partie le 9 octobre 1870.

1870					
Octobre	10	Au docteur Ollier, lui-même, avec deux matelats recouverts en toile cirée, pour opérations.	Lyon.	115	
Novembre	11	Au docteur Crolas, pharmacien en chef.	—	12	
—	15	A la 2e escouade	—	13	
—	22	A M. Chabrière, avec feuillette de vin	—	55	
—	29	A M. David, pour l'ambulance d'Orléans, avec feuillette de vin de Bordeaux.	—	3	
Décembre	6	Au docteur Bron.	—	3	
			A Reporter.	201	514

			VILLES.	CAISSES.	
1870			Report....	201	514
Décembre	24	A la 1re ambulance . . . à	Chàlon-s.-Saône.	17	
—	28	A la 1re ambulance . . . à	Belle-Garde.	10	
		(avec 6 caisses de phar-			
1871		macie).			
Janvier	9	A la 1re ambulance (Gou-			
		thières).	Lyon.	1	
—	19	A M. Gourd (avec 1 caisse			
		de tabac)	—	8	
				237	237

2e Ambulance, dirigée par le docteur GAYET

Partie le 26 octobre 1870.

1870					
Octobre	25	Au docteur Gayet lui-même			
		(caisses préparées exprès			
		pour son fourgon) . . .	Lyon.	16	
Novembre	25	Aux docteurs Dron et Gué-			
		mard (fourgon spécial avec			
		25 couvertures)	—	23	
Décembre	23	A la 2e section. . . . 5 .	—	3	
1871					56
Janvier	18	2e section au docteur Gué-			
		mard (pour Besançon,			
		avec pharmacie, liqueurs			
		et gouttières)	—	3	
—	31	2e section, au docteur Doyon			
		(avec gouttières et lai-			
		nages).	Bourg.	11	
			A Reporter.	56	807

	VILLES.	CAISSES.	

3e Ambulance. dirigée par M. le docteur CHRISTOT

Partie le 13 janvier 1871.

1870		Report....		807
Décembre 16	Au docteur Christôt lui-même (avec 18 bouteilles de vin vieux)......	Lyon.	33	
— 30	Au même, 2 caisses pharmacie........	—	2	41
1871				
Janvier 13	Au même (avec vin et liqueurs)........	—	6	

(Ces caisses, destinées d'abord à l'ambulance de siége, sous la direction de M. Léon Riboud, avaient été envoyées à la grande salle de la Bibliothèque de la Ville, avec 24 brancards, 60 drapeaux, 65 coussins, etc. Le bombardement nous ayant heureusement épargnés, elles ont servi, en majeure partie, à la 3e ambulance.

Ambulance Suisse. dirigée par MM. VERNET ET MATHIEU

Mars 2	A M. Mayor.......	Lyon.	8	8

Ambulance de la gare de Perrache, sous la direction de MM. A. DESGORGE, J. PERRET et P. PIATTON

(Du 26 décembre 1870 au 31 février 1871.)

Nous avons envoyé à la gare cinq caisses de linges divers; plusieurs pièces de vin et une quantité de paquets détachés contenant des draps, charpie, bandes, ceintures et gilets de flanelle, chaussettes et chaussons de laine, chemises, mouchoirs, tricots, pantalons, paletots, gilets, brassières, etc., dont MM. les directeurs, dans leur article publié le 16 décem-

				5
			A Reporter.	861

| | Report..... | 861 |

bre 1871, par l'organe du *Salut Public*, et M. le docteur Favre, dans son rapport du 14 octobre, ont spécifié la quantité détaillée.

A différentes reprises nous y avons joint du thé, des citrons, des pipes, de l'alcool de menthe et 10 brancards.

La Commission des Dames

Chargée de la distribution du linge pour pansements, s'est librement constituée.

Plusieurs d'entre elles faisaient déjà partie des Commissions établies précédemment.

Ce sont Mesdames :

Aillaud.	Galline.
Dubourg.	De Jover (D^lle).
De Cazenove.	De Mercey.
Chaurand.	Morin-Pons.
Collon.	Péricaud.
Desfut.	Picard.
Comtesse d'Espagny.	Du Rourre.
Raoul Du Fay.	Vicomtesse De Ruolz.
De Fractus.	

Nous croyons superflu d'énumérer et le bien qu'elles ont fait et les peines morales et physiques qu'elles ont dû surmonter, pas mieux que de rappeler les quêtes, loteries et ventes obtenues par leur sollicitude ; M. le docteur Favre leur a consacré, dans son rapport, quelques lignes aussi bien senties que noblement exprimées.

Nous nous bornons à rappeler que par la lettre empreinte de modestie que Mme la vicomtesse de Ruolz-Montchal nous a fait l'honneur de nous adresser le 27 mars 1871 (qu'avec son autorisation), nous nous sommes empressé de reproduire dans le *Salut Public* et le *Courrier de Lyon*, nous avons appris que plusieurs de ces Dames avaient eu leur santé compromise, soit par la fatigue des veilles, soit par la rigueur de la température.

| | À reporter..... | 861 |

| | Report..... | 861 |

Ambulances sédentaires

(Du 5 octobre 1870 au 2 mars 1871)

Pendant notre séjour au Palais-Saint-Pierre, nous avons distribué aux 63 ambulances désignées ci-bas, caisses assorties. . | 158

Ecole vétérinaire.
Sœurs de Saint-Vincent-de-Paul.
Archevêché.
Œuvre des Messieurs.
M. Marlie.
Cure de Saint-François.
Salle d'Apollon.
Missions africaines.
Consistoire protestant.
Sœurs de Bons-Secours.
MM. Piaton et Bredin.
M. Jance.
Saint-Nizier.
Cours Rambaud.
Rue du Plat.
M. Carrel.
19ᵉ Bataillon de la garde nationale.
La Rédemption.
M. Courajod.
Saint-Polycarpe.
Rue du Peyrat.
Rue du Garet.
Quai de Retz.
Comptoir d'Escompte.
Avenue de Noailles.
M. Colomb-Degast
M. le docteur Gérard.
MM. Duviard et Dolfus.
Infirmerie évangélique.
M. Vassel.

Etablissement des Lazaristes.
Docteur Chauvin (cavalerie).
Infirmerie de Sainte-Elisabeth.

Couvent de N.-D.-des-Missions.
Retraite de la Solitude.
Frères de la Doctrine chrétienne.
Œuvre des Convalescentes.
Pensionnat des Minimes.
Retraite de Saint-Régis.
Dames de Jésus-Marie.
Providence Caille.
Hospice de Caluire.
Couvent de la Visitation.
Couvent Saint-Michel.
M. Demoustier.
M. Perrachon.
Sacré-Cœur des Anglais.
M. le docteur Rivet.
La Sainte-Famille.
Ursulines de Saint-Irénée.
Couvent de Marie-Thérèse.
Pères Maristes.
Hospice de Saint-Jean-de-Dieu.
M. le docteur Carrier.
Sacré-Cœur de la Ferrandière.
Petites Sœurs des Pauvres.
Institut hydrothérapique.
Dominicains d'Oullins.
Ecully.
Veuve Guérin, à Monplaisir.
Ursulines de Saint-Cyr.
Neuville.
Balmont.

Non agrégées à la Commission des ambulances.

| À Reporter..... | 1.019 |

Report....	1.019

Les éléments constitutifs des ambulances sédentaires (hormis les trois dernières), sont réunis et détaillés dans le rapport de M. le docteur Desgranges, président de cette Commission.

Les différentes Commissions de Dames ont joué un rôle très-actif dans la distribution de tous les objets nécessaires à l'organisation des ambulances.

Nous regrettons de ne pouvoir citer toutes les Sœurs de charité qui, modestes, vigilantes, attentives au chevet du lit de leurs malades, leur ont prodigué, jour et nuit, avec une sollicitude toujours croissante, les soins et les consolations les plus empressés et les plus affectueux.

Après notre départ du Palais-Saint-Pierre, effectué le 1er janvier 1871, il a été envoyé à l'Hôtel-Dieu de Lyon, caisses charpie — 100

Puis transportées à notre nouveau local, hôtel Beauquis, place Bellecour, caisses . . . . — 252

Total.....	1.371

Nous aurions désiré renvoyer le détail de certains tableaux à la fin de ce rapport et ne faire figurer dans le cours de nos comptes-rendus que le résumé des sommes totales, comme nous l'avons fait dans le tableau suivant pour les expéditions; mais, d'une part, les explications intercalées au milieu des colonnes de chiffres en nécessitaient la présence (laquelle du reste n'est que la preuve légitime des dons reçus), et d'une autre, chaque Commission possédant des tableaux et des comptes séparés qui sont l'expression particulière de sa gestion, nous avons été forcé de grouper pour chacune, tout ce qui composait le domaine privé de ses attributions, afin qu'aucun démembrement n'altérât l'harmonie de l'ensemble.

RÉSUMÉ

Balance par Entrée et Sortie.

ENTRÉE		SORTIE	
Caisses confectionnées au Comité de l'emballage du 10 août 1870 au 2 mars 1871	1.371	Expédié au dehors	430
		Légions de marche à Lyon	84
		Livré à la 1re ambulance volante	237
		— à la 2me —	56
		— à la 3me —	41
		— au Comité suisse à Lyon	8
		Ambulance de la gare de Perrache	5
		Distribué aux ambulances sédentaires	158
		Envoyé à l'Hôtel-Dieu à Lyon	100
		Transporté à l'hôtel Beauquis	252
Caisses	1.371	Total équivalent	1.371

Le nombre de 277 indiqué dans le rapport de M. Léonce de Cazenove, secrétaire général, remonte à l'époque de ses inspections à
l'entour des champs de bataille.

Il s'est considérablement accru postérieurement.

C'est que, d'une part, un grand nombre de ces caisses a été
confectionné en son absence, et que, de l'autre, après huit mois de
travaux consécutifs, lorsque les nombreuses dames de la Commission des travaux à l'aiguille se trouvant inoccupées après l'extinction
du raccommodage, ont créé des ambulances afin d'aller elles-mêmes
soigner les malades, la Commission plus restreinte de la confection
des caisses se trouvant dans la même situation, a, par l'organe de sa
présidente, Mme Arlès-Dufour, adressé, le 11 avril 1871, une circulaire à Messieurs les journalistes du midi, afin qu'ils voulussent
bien provoquer la charité de toutes les dames habitant les contrées
épargnées par le fléau de la guerre.

Ce nouvel appel n'est point resté sans échos, et le journal le *Salut
public*, à la date du 1er mai suivant, a publié, avec remercîments
de la part de cette Commission, les noms de toutes les personnes
qui se sont empressées de lui faire parvenir des dons en nature ou
en argent ; comme nous remercions de notre côté toutes celles qui
nous ont envoyé des caisses vides dont l'abondance nous a été
très-utile.

Ces dons ont produit :

En linges divers, vêtements, couvertures, etc., 71 colis.

Et en espèces, une somme totale de 2,619 fr. 50 cent., dont
2,000 provenant d'Alger et de Milianah (Afrique).

TRANSPORT

Non-seulement la Compagnie du chemin de fer Paris-Lyon-Méditerranée a bien voulu nous concéder 75 °/₀ de rabais sur tous les prix de ses tarifs, ainsi que l'a mentionné dans son rapport M. Léonce de Cazenove, mais encore M. Bidermann, ingénieur en chef de cette exploitation, nous a fait remise de demi-place en faveur des familles pauvres de militaires, désireuses d'aller revoir leurs enfants malades ou blessés, ou parfois obligées de changer de domicile.

Du 10 septembre au 20 décembre 1870, nous avons obtenu de la Compagnie du chemin de fer 39 remises, et reçu du Comité sectionnaire, pour secours de route, 270 francs, qui ont été distribués de 3 à 25 francs par famille, selon la distance à parcourir.

Pour les voyageurs dont la destination dépassait les limites de notre réseau, nous avons remis des lettres de recommandation adressées à Messieurs les chefs de gare de la ligne d'Orléans, avec prière de leur continuer la même faveur.

Abstraction faite du nombre de ces caisses enregistrées, dont la plupart étaient fort volumineuses, nous avons continué de distribuer au Palais Saint-Pierre, pendant un mois, entre toutes les ambulances sédentaires, soit à Lyon, soit dans les environs, suivant le nombre respectif de leurs blessés, une quantité d'objets détachés ci-après désignés, afin d'en éviter le transport inutile à l'hôtel Beauquis.

M. le professeur Girardon a bien voulu nous confier son cabinet particulier, encombré trop longtemps.

M. Raymond, appariteur de l'École des Beaux-Arts, nous a prêté son concours désintéressé pour l'entretien de la salle des cours, mise à notre disposition.

DISTRIBUTION

Linge — Vêtements — Pansements

Chemises toile et coton.	1.346
Draps fil et coton.	951
Draps vieux pour décès	53
Mouchoirs de poche.	500
Chaussettes de laine.	400
Chaussettes de coton.	44
Bas de laine	76
Chemises de flanelle.	149
Gilets de flanelle	65
Ceintures de flanelle	50
Vareuses de laine.	60
Bonnets de coton	370
Caleçons de laine ou coton	72
Cache-nez de laine	38
Tricots de coton	57
Paletots en draps.	29
Pantalons en draps	36
Gilets de laine ou coton.	42
Manteaux en laine	7
Robes de chambre.	5
Grand manteau de drap.	1
Foulards en soie	20
Coussins assortis	20
Couvertures de laine	44
Manchettes de laine. paires	12
Plastrons et Brassières	19
Guêtres.	10
Chaussons et semelles laine	24
Pantoufles	10
Gouttières garnies ou nues	60
Larges bandes et bandages	83
Toile cirée. pièces	2
Coton cardé. paquets	2
Matelas.	2
Total..	4.659

13

Dans ce nombre ne sont pas compris les objets suivants :

REPORT 4.659		
Envoyés par Mme Arlès-Dufour aux Dominicains d'Oullins.		
Chemises d'hommes	60	
Robe de chambre	1	
Gilets de flanelle	2	68
Paletot vieux.	1	
Paires chaussettes laine	3	
Paquet bandes	1	
Donnés par Mme Morin-Pons aux Légions Alsaciennes.		
Couvertures laine	3	
Draps	16	34
Chemises.	15	
TOTAL. 4.761		

Les gouttières et enveloppes en toile cirée pour matelas d'opérations, ont été confectionnées par Mme et Mlle Siefert avec une habileté et une promptitude exemplaires.

Après elles, Mme Chastel a continué le même labeur.

Les dons en linge de toute sorte, dont il est impossible d'estimer la valeur pécuniaire, bien inutile, du reste, puisqu'il ne s'agit pas ici de comptabilité, n'ont pas seuls abondés au Comité.

Il a encore été reçu et partagé entre les ambulances volantes et sédentaires les dons en nature ci-après :

Produits pharmaceutiques

Elixir de la Grande-Chartreuse. . . .	caisses	1
— des familles	—	1
— végétal	—	1
Quinquina	—	1
Arnica.	—	1
Médicaments de M. Suchet.	—	1
— de M. Santenot.	—	1
Perchlorure de fer	—	1
Colodium.	—	1
Thé noir.	—	3
Alcool de menthe de Ricqlès	—	6

18

Comestibles, Epicerie.

Riz	sacs	2
Chocolat.	paquets	14
Confitures.	pots	20
Café brûlé.	caisse	1
Pruneaux, Vermicelle, Pâtes.	paquets	12
Citrons offerts par M. Bernoud de Naples.	caisses	2
Eponges fines pour blessures, offertes		
par Mme Ferber	—	2
Sucre.	pains	2
Eau de fleur d'oranger	flacons	2

57

Vins, Liqueurs.

Vin fortifiant Aroud.	caisses	2
— de Bordeaux.	—	4
— de Marsala	—	2
— vieux	—	5
Liqueurs assorties	—	1
Cognac, Eau-de-Vie	—	1

15

Bouteilles spécialement partagées entre l'Ambulance de l'Ecole vétérinaire. . . . . pour 3/5 Et celle des Frères de l'Ecole chrétienne » 2/5		
Vin de Bordeaux . . . . bouteilles	100	
— de Marsala . . . . —	22	
— du Beaujolais . . . . —	12	
— vieux . . . . —	21	
— de Malaga . . . . —	2	
Eau-de-vie vieille . . . . —	4	190
Cognac . . . . —	7	
Vermouth . . . . —	4	
Arquebuse . . . . —	6	
Eau de Mélisse . . . . —	11	
Curaçao . . . . —	1	
Objets divers.		
Pipes en terre (1800) . . . . caisses	2	
Tabacs . . . . —	3	57
Bain de pied, petite baignoire	2	
Brancards assortis.	50	

A ces détails, il faut ajouter les fûts et bouteilles de vin du Beaujolais, de la Bourgogne, de Bordeaux, de l'Hermitage, etc., offerts par différents propriétaires et ceux recueillis par M. Bienvenue pendant l'heureuse tournée qu'il a bien voulu faire dans le Midi et pour laquelle M. Gomot, alors secrétaire général de la Préfecture du Rhône, a eu l'obligeance de nous accorder une réquisition à laquelle a été annexé M. Faucon.

En voici l'état :

Vin rouge, qualité supérieure.		pièces	135
— — ordinaire		—	255
— Bourgogne		bouteilles	535
— Bordeaux		—	222
Marsala		—	350
Cognac		—	50
Cornas.		—	50
Muids		pipes	12
Malaga		bouteilles	50
Vermouth		litres	10

Ces vins, qui représentent une valeur d'au moins 28 à 29,000 f., ont été déposés dans l'entrepôt que Mmes Blache et Clapisson ont bien voulu faire disposer gratuitement, à Scrin, en notre faveur.

Un grand nombre de ces fûts de vin a été mis en bouteilles par M. Bienvenue lui-même, et distribué à différentes ambulances sédentaires pendant notre séjour à l'hôtel Beauquis, qui s'est prolongé jusqu'à fin mai 1871.

Dans son rapport, M. le docteur Desgranges, président de la Commission des ambulances, en a mentionné une grande partie.

Nous sommes heureux de remercier en les signalant, et les donateurs et les communes qui les représentent.

DONATEURS

MM. Bellie.	MM. de Barjac.	MM. Félissent (Léon).
Berthier.	de Loriol(vicomte)	Giraud
Bessié.	de Luze (vicomte).	Labaume.
Bruneau.	de Piellat.	Robin.
Charrin.	Dupré.	Sauzet (Romain).
D'Aubigny (comte)	Mme Ve Elviou.	Vernay (Alfred).

COMMUNES

De Jarnioux.
De Villefranche.
De Villié-Morgon.

De St-Genis-les-Houillières.
De Taulignan.

VILLE DE CETTE (spécialement)

MM.	MM.	MM.
Benezech frères.	Combolet frères.	Rieunier et Péridier.
Bringner et Herber.	Franck (J.).	Valery-Mayet.
Causse frères.	Guiraud et Ce.	Vivarez (Benjamin).
Caffarel et Darolle frères.	Nollet et Hertez.	
Claris (Philippe).	Oudin et Ce.	

Si quelques noms sont involontairement oubliés, nous prions MM. les donateurs de vouloir bien nous excuser.

M. Bienvenue nous signale comme ayant droit à des remercîments particuliers :

MM. de Beuvrand et de Poligny, pour les vins de Bourgogne.

Dupré, pour les vins de Bordeaux.

de Larnage (comte), pour les vins de l'Hermitage.

Roche et Alix, pour les vins du Beaujolais.

Odomard et Deloste, à Montélimart, pour leur zèle officieux.

De leur côté, quelques dames de la Commission de l'emballage
ont continué des distributions de lainage, linge de pansement, souliers, oranges, tabac, à Messieurs les directeurs des ambulances
sédentaires, sur un visa de M. le président docteur Desgranges.

M. le docteur Rieux. secrétaire général de la Commission médicale, a fait transporter à Thonon et remis à M. le sous-préfet :

Chemises et flanelles,   caisse. 1
Chaussures et chaussons,   — 1
Charpie et linge divers,   — 5
                          Total. 7

CHIFFONS

Dans l'administration du bien d'autrui (surtout lorsqu'il s'agit de dons volontaires), aucune économie n'est à dédaigner ; l'esprit domestique de ces dames l'a bien compris : il a mis en pratique cette pensée de Mme Geoffrin : l'*économie est mère de la libéralité*, en formant des ballots de tous les résidus du linge coupé par la Commission des réparations et des travaux à l'aiguille. Ces ballots ont été expédiés à MM. *Blanchet frères et Kléber*, fabricants de papiers à Rive (Isère), qui ont eu la pensée délicate de leur appliquer le prix le plus élevé.

Le premier envoi a produit, en novembre 1870 . . . . 218 60
Le second, en mars 1871 . . . . 315 15

Total fr. . . 533 75

N'omettons pas de mentionner que plusieurs blanchisseurs, et notamment M. Vautherin, de Francheville, qui, tous ont été publiquement remerciés dans le journal le *Salut public*, ont bien voulu se charger gratuitement du service de propreté que nécessitait le linge des blessés.

M. Morel, liseur, a droit également à notre gratitude pour les compresses fenestrées qu'il nous a d'abord libéralement préparées.

Mme Édouard Steiner-Pons a été spécialement chargée de la confection de ce genre de linge, si utile et si justement apprécié pour les pansements.

COMMISSION DE SECOURS AUX PRISONNIERS FRANÇAIS EN ALLEMAGNE

Cette Commission, sur la proposition de Mme Sabine-Cote, a été formée par les soins d'une partie de la Commission directrice des dames, composée : de la première présidente, Mme Millevoye, et des vice-présidentes Mmes Arlès-Dufour, — comtesse d'Espagny, — Fitler (Sophie), — Galline (Oscar), — Marix, — Onofrio, — Palisse (Mlle), — Reverony, — Sabran, — Steiner-Pons (Charles), — Tabareau, — Mmes Marie Tresca, trésorière-générale, et Sabine Cote, secrétaire.

Le 28 novembre 1870, par l'intermédiaire des principaux journaux de notre ville et sous le patronage du Comité sectionnaire lyonnais, un appel a été adressé à la générosité publique en faveur de nos prisonniers.

Une première liste de souscription, en tête de laquelle le Comité répartiteur s'est empressé de s'inscrire pour une somme de 10,000 f., accompagnait cet appel et prouvait que l'œuvre était déjà en bonne voie d'exécution.

De nouvelles quêtes ont été organisées, et, le 2 décembre suivant, une circulaire signée par ces dames, a provoqué le concours des personnes absentes, afin de compléter cette œuvre philanthropique.

Les dons pécuniaires ont été versés dans une caisse spéciale, que M. le président comte d'Espagny a bien voulu mettre à la disposition du Comité des dames.

Les dons en nature ont été confiés à Mme Galline.

Dès le 20 novembre précédent, quatre délégués, MM. l'abbé Guinand, Carrel, Adolphe Morin et Pérégaud, s'étaient généreusement offerts pour aller distribuer nos secours en Allemagne avec l'assentiment du Comité sectionnaire lyonnais.

Le 8 décembre suivant, de nombreuses caisses de vêtements. ainsi qu'une première somme de 40,000 francs, partaient avec eux.

Du 28 novembre 1870 au 17 mars 1871, il a été recueilli, soit par la Commission des dames, soit par les souscriptions ouvertes à la trésorerie générale, dans les principaux journaux de notre ville et dans les villes du dehors (notamment à Oran, dont l'offrande s'est élevée à 20,000 francs, grâce aux soins obligeants de Mme Lapeine) une somme totale de 129,155 fr. 15 c., qui a été convertie et répartie de la manière suivante :

EN ALLEMAGNE

Entre les villes de :

Posen.	Torgau.	Quedlinburg.
Glogau.	Uelzen.	Neisse.
Hanovre.	Graudenz.	Erfurth.
Arschescleben.	Ratibor.	Minden.
Rüdolstadt.	Cottbus.	Rastadt et Stettin.

EN SUISSE

Entre celles de :

Sarnem.	Uznacht.	Pfaiffikon.
Zug.	Waendenswyl.	Berne.
Saint-Gall.	Distric de Winterthur	Dubendorf.
Neu Saint-Johann	Rischternyl.	Hüsnacht.
Ebnat.	Uster.	

	SAVOIR :	Fr.	C.
6.600	Jaquettes	21.676	»
2.653	Chemises de laine.	11.362	»
5.983	Caleçons.	12.608	»
2.040	Cache nez	821	50
23.309	Paires chaussettes.	26.358	»
4.264	Bonnets coton	867	»
1.595	Ceintures laine	2.116	40
304	Chemises coton	660	»
2.300	Paires de galoches	6.472	»
300	Paires de sabots et chaussons.	543	»
500	Paires de bottines.	3.375	»
	En outre, il a été dépensé en savon. cuir, réparations, tabac et dons divers pour les Ambulances à Posen, Glogau, Rüdolstadt, Torgau et Vulzen, une somme de	7.927	55
	Port de 487 paquets remis par les familles des prisonniers et expédiés par l'agence de Bâle.	974	»
	Frais de transport de douane en Allemagne pour les vêtements distribués aux prisonniers	3.718	20
	Envoyé le 22 février 1871, à M. l'abbé Rambaud, pour les prisonniers internés à Kœnigsberg et dans la province de Prusse.	10.000	»
	Au Comité Français de Stettin, dirigé par M. le docteur Brandt, à la même date, pour les prisonniers nouvellement arrivés. . . .	8.000	»
	Le 4 mars, au représentant français à Berlin, choisi par MM. les Délégués pour assister les malades et les convalescents.	10.000	»
	Dernière somme envoyée à Berlin le 28 mars .	1.676	50
	Total égal aux sommes encaissées	129.155	15

Indépendamment des vêtements désignés ci-dessus, cette Commission des dames lyonnaises a expédié à Stettin, Leipzig, Miden et Kœnigsberg :

Paires de chaussettes.	870
Gilets de flanelle, de laine et tricots.	607
Chemises de coton et de crétonne.	451
Bonnets de coton.	211
Couvertures de laine.	89
Chemises de laine ou de flanelle.	43
Cache-nez.	218
Mouchoirs de poche.	276
Pantalons de drap	142
Cabans en drap.	70
Ceintures de laine.	22
Chaussons fourrés	26
Paires de souliers	87
Capuchons en drap.	5
	3.117

Toutes ces dernières dispositions ont eu pour provenance les dons récoltés par la Commission des Dames.

C'est grâce au zèle empressé et aux soins intelligents des susdits délégués, que cette Commission a pu réaliser l'idée chrétienne et patriotique d'alléger le poids des souffrances de nos malheureux soldats.

Les lettres intéressantes de M. l'abbé Guinand et de M. Alexis Carrel, que le Comité a cru de son devoir de publier, nous ont initiés aux besoins matériels et moraux de nos prisonniers, à l'impérieuse nécessité d'y remédier si bien comprise par nos délégués, et aux nombreuses difficultés qui, trop souvent, ont paralysé leurs efforts.

Tout le monde sait que le désœuvrement, l'ennui, le chagrin, sont les maladies morales de la captivité.

Le cœur ulcéré de la France l'avait bien compris, et sur la demande chaleureuse de M. l'abbé Rambaud, exprimée dans sa lettre du 11 décembre 1870, adressée à M. Arlès-Dufour et publiée dans le journal la *Décentralisation* le 31 décembre de la même année, la Commission des dames s'est procuré un très-grand nombre de livres qu'elle a expédiés en Allemagne ; mais la conclusion de l'armistice, en février 1871, et le prochain retour des prisonniers, en ont empêché la distribution.

Ces livres, renvoyés en France par le comité prussien, ont été remis au général *Bourbaki* pour en former une bibliothèque militaire au camp de Sathonay.

Dans le but de faciliter aux familles les envois directement faits aux détenus, la susdite Commission s'est chargée, dans la mesure du possible, de les faire parvenir à ses frais jusqu'à leurs adresses respectives.

A cet effet, le Comité de Bâle lui a prêté un concours dont l'empressement a égalé la générosité.

Il est regrettable que, malgré ces efforts réitérés, tous ces paquets n'aient pu rejoindre leurs destinataires, — cette privation a dû leur être cruelle. Par contre, nous avons été heureux d'apprendre que l'empereur d'Allemagne avait amnistié ceux de nos prisonniers détenus pour délits d'insurbodination, ce qui leur a permis de revoir plutôt leur patrie.

Avant de clore ce paragraphe relatif aux prisonniers français, qu'il nous soit permis de remercier MM. Milson et Poix, Aynard et Ruffer, et M. Galimard, receveur, alors au bureau de la poste des Terreaux, pour l'obligeance gracieuse et soutenue qu'ils ont mise à faciliter les envois des donateurs, soit en nature, soit en espèces.

COMMISSION Nº 3

Distribution de secours aux familles malheureuses des blessés et des victimes de la guerre

---

Les cent onze dames de cette Commission, dont les travaux pénibles ont exigé une persévérante abnégation dans le cœur de l'hiver, se sont subdivisées, comme il a été indiqué précédemment, en quatre sections, pour la facilité de ce labeur.

Aux termes d'un décret impérial à la date du 25 juillet 1870 (à l'origine de la guerre), le gouvernement français institua aux Tuileries, une Commission *non pour se substituer à l'initiative privée, mais afin d'assurer la réalisation prompte et complète des sommes considérables versées par l'élan national dans les caisses publiques pour les blessés, ainsi que celle des quatre millions votés à cet effet par le Corps législatif et par le Sénat.*

Le 5 août suivant, avant qu'aucune assemblée générale n'eut régulièrement organisé, ni le Comité sectionnaire lyonnais, ni le Comité des dames, le gouvernement, par une circulaire ministérielle, invita les préfets à hâter la formation d'un Comité départemental, afin d'atteindre le même but dans toute la France.

Le Ministre laissait à ces Comités toute liberté d'action, parce que vivant au milieu des infortunes, ils en connaissaient mieux les nécessités locales. — Ces infortunes étaient fort nombreuses.

L'intention du gouvernement qui figure en tête de la Société française de secours, qui l'avait prise sous sa haute protection et reconnue d'utilité publique, n'était évidemment pas de lui faire concurrence, mais de la seconder, en invitant les départements à recueillir des *souscriptions nouvelles*, pour les distribuer soit *aux blessés*, soit *à nos soldats en campagne*, soit *aux soldats eux-mêmes*, soit *aux familles des militaires privées de leur soutien*.

L'article 5 du règlement de la Société va plus plus loin, il étend *la distribution des secours*, *en temps de paix comme en temps de guerre*, *au soulagement des souffrances et des infortunes*, *suite des guerres ou d'épidémies en campagne*.

M. Sencier, alors préfet du Rhône, institua naturellement pour cette fonction, le Comité sectionnaire lyonnais qui s'organisait, et Mme Sencier étant la présidente effective du Comité des dames, il fut décidé à l'assemblée générale du 8 août 1870, que les dames désignées pour la Commission n° 3. seraient chargées du soin pratique de cette distribution.

Personne, en effet, ne pouvait mieux qu'elles, remplir avec exactitude et scrupule cette mission délicate.

La distribution de ces secours a commencé le 16 mars 1870, pour être définitivement close le 31 décembre 1870.

En principe, elle s'est arrêtée au 31 janvier 1871, époque à laquelle la cessation des subsides accordés par le Comité, a provoqué la suspension des secours.

Mais, en réalité, la rigueur de la saison ayant exigé une continuation de charité, il fut convenu que ces dames épuiseraient les bons qui leur restaient, ce qui eut lieu jusqu'à la fin de février ;

puis le Comité sectionnaire leur ayant accordé une nouvelle somme de 14,000 francs, et le Comité de travail pour l'armée une autre de 8,500 fr., elles continuèrent des distributions pécuniaires, soit aux familles des blessés, soit à celles des prisonniers revenus d'Allemagne, jusqu'à la fin de juin d'abord et de décembre en suite.

Pendant cette longue période, 2802 familles ont été secourues, savoir :

dans le 1er arrondissement . . .	260
dans le 2e — . . .	250
dans le 3e — . . .	1,044
dans le 4e — . . .	262
dans le 5e — . . .	561
dans le 6e — . . .	425
Total correspondant, . .	2,802

Ce qui, en établissant une moyenne de 5 têtes par famille, formerait approximativement un nombre de 10,000 personnes secourues.

MM. les médecins de chaque quartier visité ont prodigué gratuitement leurs soins aux malades.

MM. les pharmaciens ont fourni les remèdes au prix coûtant.

Ci-joint l'état des Recettes et des Dépenses :

DOIT — Du 16 août 1870 au 31 janvier 1871 — AVOIR

RECETTES			DÉPENSES		
Produit des quêtes à domicile par les Dames de la Commission	49.889	10	Aux Boulangers : 95.771 kilog. de pain	38.308	60
Intérêts capitalisés au 30 juin	409	80	Aux Bouchers : 27.815 kilog. de viande	30.507	85
Reçu du Comité sectionnaire	90.000	»	Pommes de terre : 8.160 kilog.	8.732	»
			Charbon : 8.602 hectolitres	19.781	75
			Pharmacie	1.536	55
			Vêtements et argent distribués	34.526	70
			Aux prisonniers Français	3.000	»
			Frais divers, bons, impression	1.195	45
				137.691	90
			Solde en caisse	2.607	»
	140.298	**90**		**140.298**	**90**

Du 31 janvier au 30 juin 1871

Solde en caisse	2.607	90	Secours aux prisonniers revenus d'Allemagne	12.701	10
Reçu du Comité sectionnaire	14.000	»	Déposé à la caisse du Comité sectionnaire à la Trésorerie générale	12.405	90
Reçu du Comité de travail pour l'année	8.500	»			
	25.107	**»**		**25.107**	**»**

Du 30 juin au 31 décembre 1871

Solde déposé à la Caisse de la Trésorerie et retiré par Mme Millevoye	12.405	90	Distribué dans Lyon-central	2.000	»
Intérêts de cette somme au 16 juin	193	05	— aux Brotteaux-Guillotière	5.000	»
			— à la Croix-Rousse-Sathonay	2.008	95
			— à Vaise-St-Jean	2.500	»
			— à l'Œuvre des Chaumières par Mme la comtesse d'Espagny	1.000	»
Égalité	**12.598**	**95**	Égalité	**12.598**	**95**

Les 34,536 fr. 70 c. qui figurent dans la colonne du crédit pour *vêtements et argent*, ne sont point une confusion. mais l'expression d'une idée sage.

Ces dames ont cru prudent de convertir une portion de cette somme en vêtements. afin d'être assurées au moins de l'utilité de son emploi.

Le mot vêtement n'est inscrit qu'à titre d'explication ; en réalité, les 34,536 fr. 70 c. qui sont mentionnés au crédit de la caisse, ont été comptés en espèces à ces dames.

Un Comité spécial de dames pour secourir notre armée en campagne, a bien encore été formé le 20 novembre 1870 au Palais Saint-Pierre, toujours sous la présidence de Mme Millevoye, et aux termes d'une deuxième circulaire ministérielle à la date du 6 août de la même année.

Ce Comité a fait beaucoup de bien, soit à nos soldats si délabrés après leurs revers, soit aux blessés de passage, soit aux pauvres Alsaciens venus à Lyon. Il a donné 1,911 francs à la Commission des prisonniers, et 8,500 fr. à la Commission distributive de secours.

S'il ne figure point dans ce rapport général, ce n'est ni par ingratitude, ni par oubli des services qu'il a rendus ; mais comme il s'est organisé en dehors du Comité sectionnaire, dont les actes ont été différents et les comptes distincts, il a été décidé d'un commun accord, que ce Comité ferait imprimer son rapport séparément.

NÉCROLOGIE

Durant la longue période de nos travaux, la mort, dont la moisson a été si abondante en ces deux fatales années de 1870 et 1871, n'a pas toujours été clémente envers les Comités de secours lyonnais.

— Le 30 novembre 1870, elle nous a enlevé Mme Cuniac, présidente de la Commission pour les travaux à l'aiguille et femme du magistrat si remarquable placé à la tête de notre tribunal civil. Nous avons essayé d'honorer sa mémoire dans le *Courrier de Lyon* du 13 décembre suivant.

— Le 26 mars 1871, l'ambulance de l'Archevêché a perdu M. le docteur Peyraud, si parfaitement jugé dans le rapport de M. le docteur Desgranges.

— Le 23 avril suivant, Mlle Madeleine Dubreuil, une jeune fille des plus assidues, avec sa mère, aux travaux du raccommodage, a été subitement arrachée à nos réunions et à la tendresse de ses parents.

— Le 16 décembre de la même année, M. Louis Guérin, fondateur de l'ambulance de Monplaisir, placée sous notre direction, où 17 malades et blessés ont reçu gratuitement, jusqu'au 25 juin (quarante jours après la fermeture officielle des ambulances), les soins les plus empressés, soit de Mme Guérin elle-même, soit de la sœur Saint-Thomas d'Aquin du Bon-Secours de Troye, a été enlevé à sa famille et aux malheureux, à l'automne de sa vie, suivi du nombreux et modeste cortège de toutes ses bonnes œuvres.

— Le même jour, M. Maximilien Grassis, directeur de l'ambulance de l'avenue de Noailles et du journal le *Salut public*, toujours si dévoué à notre œuvre, a succombé en peu de jours sous l'étreinte d'une maladie envahissante.

— Le 25 du même mois, M. le docteur Christôt, chirurgien en chef de la 3ᵉ ambulance volante, après avoir disputé à la mort bien des victimes du combat de Nuits, a été brusquement fauché par elle, dans la fleur de sa jeunesse, lorsque toutes les espérances rayonnaient autour de lui.

— Enfin le 21 janvier 1872, M. Arlès-Dufour, président du Comité répartiteur lyonnais, a terminé sa longue carrière humanitaire, couronnée par ses derniers travaux à notre Société de secours.

En terminant ce rapport historique et général dont nous nous sommes efforcé de grouper les éléments nombreux et homogènes, qu'il nous soit permis, non de remercier (l'admiration ne remercie pas), mais de rappeler avec quel généreux empressement les dames lyonnaises ont répondu à l'invitation qui leur fut adressée le 25 juillet 1870.

Les archives du cœur conservent chaque date.

Ce Comité et ses différentes Commissions, émanés du Comité central de Paris représenté par M. Léonce de Cazenove, et soutenus par le Comité sectionnaire lyonnais, ont eu chacune leur autonomie, leur existence propre, leur initiative privée, leur application pratique et utile.

Toutes, animées du même principe, ont convergé vers le même but, — rameaux détachés du même arbre de vie, qui ont produit les mêmes fruits de charité.

L'hiver de 1871 n'en a pas même arrêté la séve, puisqu'après la cessation des travaux et la fermeture des ambulances au 15 mai précédent, les dames n'ont complétement abandonné ni la résidence du Palais Saint-Pierre, ni celle de la rue St-Dominique ; — qu'une grande fête a été organisée, sous leur patronage, les 29 et 30 juillet, dans le Parc de la Tête-d'Or, au profit des soldats invalides, des veuves et des orphelins des militaires ; — qu'elles ont continué jusqu'au 31 mars 1872, ainsi que le fait de son côté le Comité sectionnaire lyonnais, à distribuer, de temps à autre, quelques secours aux victimes attardées de cette guerre tristement mémorable.

Si les résultats obtenus n'ont pas toujours atteint le niveau des espérances, c'est que, d'une part, rien de ce qui est humain n'est parfait, et que, d'une autre, il n'est pas facile de réaliser complétement et utilement tout le bien qu'on voudrait faire.

Mais les bonnes œuvres accomplies embrassent une si vaste échelle, que peut-être n'est-il pas téméraire d'espérer qu'en les parcourant, l'opinion publique appréciera à sa juste valeur, et notre bon vouloir, et les nombreuses difficultés qui ont entouré notre mission, libéralement et sans interruption accomplie jusqu'à ce jour.

Un devoir, toutefois, nous est imposé : c'est celui d'être juste et de dire, après avoir honoré les dévouements connus, que, pour les dévouements ignorés, il existe deux récompenses :

L'estime de soi-même et le regard de Dieu.

JULES FOREST.

Lyon, le 31 mars 1872.

RECETTES

Souscriptions recueillies par le journal le *Salut public*	423.822	05
— — — le *Courrier de Lyon*.	69.744	45
— — — la *Décentralisation*.	7.864	»
— — — le *Progrès*	3.000	»
Somme allouée par la Mairie de la ville de Lyon.	50.000	»
Souscriptions recueillies à la Trésorerie générale du Rhône. . . .	50.264	68
Versé par M. le Préfet Sencier	5.000	»
Versé par M. le Préfet Sencier au nom du Gouvernement	30.000	»
Somme donnée par la Société de secours de Londres.	40.000	»
Somme recueillie par Mmes Morin et Ferber	3.912	50
Quêtes sous la présidence de Mlle D'Averton	59.154	62
Somme recueillie à Oullins	1.390	»
Somme donnée par le Comité de secours de Paris	25.000	»
Souscriptions recueillies au palais Saint-Pierre	4.575	75
Somme versée par M. Arlès-Dufour pour M. Mallein de Craïova . .	2.449	30
— — par MM. Chartron et Monier au nom des résidents français		
à Sanghaï	20.125	»
Somme recueillie dans le département du Rhône.	8.265	80
Somme envoyée d'Oviédo (Espagne).	814	»
Dons divers.	6.634	11
Reliquat versé par le Comité de Genève.	8.439	30
Reversé par le Comité de Châlons-sur-Marne.	771	»
	821.226	56

DÉPENSES

Première Ambulance lyonnaise	62.000	»
Deuxième Ambulance lyonnaise.	50.000	»
Troisième Ambulance lyonnaise.	11.000	»
Ambulances sédentaires	42.896	45
— de siége	3.000	»
— de la gare de Perrache	32.747	»
— de la gare des Brotteaux	2.000	»
— de la salle d'Apollon.	5.000	»
— de l'Ecole vétérinaire	1.700	»
— d'Ecully.	400	»
Sous-Comité de secours aux familles des soldats du département du Rhône.	98.180	»
Sous-Comité de linges et vêtements pour les soldats et les ambulances. .	8.000	»
Secours en argent et en chaussures ou vêtements aux internés en Suisse .	47.979	50
Secours aux Ambulances de Belfort et aux blessés de l'armée de l'Est. . .	18.180	»
Secours aux prisonniers français en Allemagne.	25.000	»
Allocation à une ambulance parisienne en détresse à Orléans.	1.500	»
Secours en argent porté sur le théâtre de la guerre.	34.112	50
Allocation au Comité de secours aux cultivateurs des pays ravagés. .	15.000	»
Secours aux militaires malades, blessés ou rentrants de captivité . . .	5.400	»
Alloué au Comité de Colmar (Haut-Rhin).	1.000	»
— à la commune de Bazeilles.	1.500	»
— à la commune de Bischwiller.	1.000	»
— à l'Œuvre du sou des chaumières	2.000	»
Somme allouée aux Mairies des six arrondissements de Lyon pour approvisionnement en vue du siége.	120.000	»
Somme distribuées aux familles nécessiteuses des communes du département autres que Lyon	8.000	»
Frais divers de bureau, employés, locations, transports, voyages, etc. . .	17.832	»
Versé au Comité central de Paris, conformément aux statuts de la Société.	13.000	»
Déposé au Trésor, somme représentant les engagements du Comité lyonnais	150.000	»
Solde pour Balance	42.799	11
	821.226	56

Lyon, le 31 mai 1871.

A. DESGEORGE. *trésorier.*

Le Président, Cte D'ESPAGNY.

Il ne nous appartient pas de faire l'éloge des diverses commissions qui ont concouru au succès de l'Œuvre. Les différents rapports sur leur fonctionnement témoignent assez du dévouement dont chacun a fait preuve. Nous avons voulu nous borner à retracer à grands traits, dans quel esprit les offrandes de la générosité publique ont été confiées entre les mains de ceux qui étaient chargés d'en faire la répartition, l'usage qui en a été fait et les résultats obtenus.

Il nous a été donné d'alléger de grandes souffrances et l'expérience acquise par le Comité lyonnais, lui permettra, le cas échéant de faire mieux encore ; nous en avons le ferme espoir.

Telle a été, Messieurs, « l'activité » du Comité sectionnaire Lyonnais.

LÉONCE DE CAZENOVE.

Secrétaire général du Comité sectionnaire de Lyon
Membre du Conseil du Comité central de France.

Lyon. — Imp. Bellon, rue de Lyon, 33.

www.ingramcontent.com/pod-product-compliance
Lightning Source LLC
Chambersburg PA
CBHW061017280326
41935CB00009B/1000